あなたが道徳授業を変える
―ベテラン小学校教師からの8つの提言―

心の教育研究会 監修
櫻井宏尚 服部敬一 他 編著

学芸みらい社

はじめに

「子どもを変えたい。」「子どもをよりよく成長させたい。」「子どもたちがのびのびと学習できる学級をつくりたい。」と、いつも教師は考えている。しかし、なかなかうまくいかない。悩みを抱える教師は多い。

では、私の考える学級経営の核となるものは何か。それは道徳教育である。

道徳の授業を基に子どもたちに道徳的価値についての自覚を深めさせ、あらゆる教育活動の中で道徳教育を実践していくことで必ず理想に近づくことができる。

実際に道徳授業に取り組んでみよう。様々な壁にぶつかるだろう。副読本の指導書を参考に授業をすると、何か手ごたえが足りない。思い切って、自分の考えで実践してみても、子どもたちの反応が、予想通りには返ってこない。試行錯誤を重ねながら、周囲に相談しても、明確な答えが得られない。このような経験を持つ人も少なくないはずだ。

このような経験を繰り返していくと、もともと道徳授業自体がおもしろくないものであり、子どもたちを成長させる教師は特別な人だと、考えてしまうのも当然である。多くの教師は、道徳授業への理解が足りないと試行錯誤を重ねるが、方策尽きて立ち止まらざるを得なかった。私たちが想像する教師の現状である。

では、「道徳授業をつくる」ためには、どうすればよいのか。ひとりひとりの教師の努力で、その壁を突破できることを、本著執筆者が明示している。心の教育研究会は、この10年間現場教師がお互いの実践を持ち寄り、お互いを磨き合ってきた。そして、10年を期に私たちは「ひとりひとりの教師が道徳授業づくりのために理解すべきこと」、「実践すべきこと」を学ぶ指南書を構想したのである。それは、多くの道徳を苦手としている教師にこの本を指南書として、一歩でも理想の学級づくり、人間づくりへと進んでいってほしいと考えたからである。多くの教師の役に立つことを切に願うものである。

なお、心の教育研究会の設立から10年に亘り、事務局としての実務的支援をいただき、さらに、今回は、本書刊行にあたり、助成金を交付してくださった公益財団法人上廣倫理財団に心から御礼を申し上げる次第である。

おわりに、出版をお引き受けいただいた学芸みらい社の青木誠一郎社長ならびに編集の労をとられた佐藤孝子氏に対し、深く感謝の意を表したい。

心の教育研究会代表　**櫻井宏尚**

心の教育研究会について

　心の教育研究会は、平成14年に、道徳教育に熱心に取り組む全国の小中学校教員が設立した教育団体です。

　平成7年に公益財団法人上廣倫理財団が主催し、スタートした「道徳教育フォーラム」に参加していたメンバーは、40回を重ねる勉強会の実施のなか、中心となって活動していました。

　参加メンバーがそれぞれの地元で勉強会を行い、さらに実践的な授業事例を通して学び合うために「道徳教育フォーラム」から「心の教育研究会」へと発展させ、現場教員が中心となり会を運営することになりました。

　心の教育研究会は、様々な視点から道徳教育を研究し、子どもたちの健全な成長に資する道徳教育を行うために切磋琢磨している現場の教師中心の会です。ひとつの特徴的な活動は、全国各地のメンバーの地元で、夏休みに児童生徒が参加し、道徳の公開授業、並びに授業検討会を行う研究大会です。平成15年より、全国8箇所、10回の大会を行いました。「道徳の時間」の公開を、小学校17授業、中学校2授業の計19授業を実施いたしました。

　その他、地域での研修会や東京での定例会の実施など、道徳教育の研究交流や研修の機会を広く提供することで、道徳教育の研究推進を目指しております。

＜心の教育研究会　ホームページ＞
ホームページアドレス　http://cocoro.gr.jp

目 次

はじめに ……………………………………………………………………………… 2

基礎編

第1章 道徳授業を深める　服部敬一 ……………………… 8
1. はじめに ……………………………………………………………… 8
2. 道徳の授業はおもしろくないか …………………………………… 8
3. 子どもにとって分かりきったことを教えようとしていないか …… 15
4. 要としての道徳の時間 ……………………………………………… 18
5. 道徳授業のおもしろさ ……………………………………………… 20
6. まとめ ………………………………………………………………… 21

第2章 道徳授業づくり構想法　櫻井宏尚 ………………… 24
1. ねらいとする道徳的価値を理解する ……………………………… 25
2. 道徳的価値から児童の道徳性の実態をとらえ直す ……………… 27
3. 道徳的価値を踏まえた児童の道徳性の実態から資料を見直す … 31
4. 板書を構成することで発問を組み立てる ………………………… 32
5. 授業評価の方法を明らかにする …………………………………… 36

第3章 児童の課題意識から創る道徳授業　広中忠昭 …… 42
1. 道徳教育に対する学校現場の実感 ………………………………… 42
2. 多くの学校で行われている道徳授業の問題点とは何か ………… 43
3. 課題場面での課題意識を高める授業 ……………………………… 45
4. 道徳的価値と自分とのかかわりについて考える授業 …………… 49
5. 道徳的価値を自分なりに発展させていくことへの思いが生まれる授業 …… 54
6. おわりに ……………………………………………………………… 57

第4章 資料から見た道徳授業　坂本哲彦 ………………… 59
1. はじめに ……………………………………………………………… 59
2. 資料と道徳授業 ……………………………………………………… 59
3. 副読本資料の授業化（「ないた赤おに」） ………………………… 62
4. 教材開発と授業化 …………………………………………………… 68
5. 教材開発した資料の授業化（「こだまでしょうか」） …………… 71
6. おわりに ……………………………………………………………… 74

第5章 道徳教育を基軸とした学級経営　齋藤眞弓 ･･････ 75
1．1年間の出会いを生かす ･･････ 75
2．学級経営の中で何ができるか ･･････ 77
3．道徳の授業を魅力ある語り合いの場にする ･･････ 79
4．学校教育活動全体を通じて多面的な投げかけをする ･･････ 85

発展編

第6章 役割演技で創る道徳授業　早川裕隆 ･･････ 92
1．はじめに ･･････ 92
2．役割演技のよさについて
（話し合いによる授業と役割演技による授業の違い）･･････ 93
3．役割演技による授業の特徴について ･･････ 97
4．役割演技に必要な理解―誤解の背景― ･･････ 99
5．おわりに ･･････ 103

第7章 複数時間で創る道徳授業　田村博久 ･･････ 106
1．はじめに―本物の姿をもとめて― ･･････ 106
2．複数時間で創る「統合的道徳授業」とは ･･････ 107
3．複数時間で創る「統合的道徳授業」のポイント ･･････ 108
4．複数時間でプログラムした統合的道徳授業実践 ･･････ 110
5．今後に向けて　複数時間設定の視点から ･･････ 115
6．おわりに ･･････ 117

第8章 系統性を考えた生命尊重の道徳授業　税田雄二 ･･････ 120
1．生命の大切さ ･･････ 120
2．生命を大切にする三つの観点 ･･････ 121
3．系統表をもとにした実践のよさ ･･････ 121
4．系統表に基づいた実践の留意点 ･･････ 126
5．実践事例 ･･････ 127
6．終わりに ･･････ 135

基 礎 編

第1章 道徳授業を深める

服部敬一

児童・生徒を興味をもって授業に臨ませるための工夫にはどのような意味があるのか、また、どのような意味しかないのか。
本章では、教師が見落としがちなポイントを押さえて、道徳の時間を充実させることを目的としている。

1. はじめに

　道徳授業に手応えを感じている教師がどれだけいるのだろう。「年間指導計画に沿って毎週の道徳授業を行っているが、これでよいのだろうか」「道徳の時間が即効性や行為の変容をめざしていないことは分かっているが、本当に子どもの役に立っているのだろうか」「子どもたちは道徳の時間を楽しいと感じているのだろうか」など、自分の道徳授業にもの足りなさを感じている教師も少なくないのではないか。近年、道徳授業に真正面から取り組む教師が増え、その成果が一層問われるようになってきた。同時に道徳授業をもっとうまくできるようになりたい、もっと充実させたいという願いをもつ教師が増えてきていると考える。
　本章では、道徳授業をおもしろいものにするために教師が行っている工夫について検討するとともに、道徳の時間の特質を生かす授業づくりについて明らかにしたい。

2. 道徳の授業はおもしろくないか

　「道徳の時間はおもしろくない」「もっと、おもしろい授業がしたい」など、道徳授業に物足りなさを感じている教師たちの声を聞く。では、なぜおもしろくないのかと尋ねてみると様々な理由が聞かれる。それらの理由を以下に整理してみた。
　◎道徳授業では、子どもははじめから答えが分かっている。

第1章 道徳授業を深める

◎道徳の資料は言いたいことが見え透いていてつまらない。
◎教師と子どもの一問一答で、子どもに考えさせる授業になっていない。
◎子どもの課題意識を無視した、教師主導の教え込みになっている。
◎子どもにとって受け身の、退屈な学習になりやすい。
◎登場人物の気持ちを追うだけの授業が多いが、これで子どもは道徳的になるのかどうか分からない。
◎授業がワンパターンである。

そんな中で、教師たちは何とかして、おもしろい授業をしたいという願いをもち、道徳授業に様々な工夫をしてきた。しかし、それらの工夫が、本当に授業のおもしろさに結びついているか考えてみる。

ここでは授業をおもしろくするための手だての幾つかを取り上げ、その意図や課題について検討していく。そのためには、具体的な材料をもとに考えることが望ましいという考えから。道徳の授業で使われる読み物資料に沿って見ていく。ここで用いる読み物資料は何でもよいが、比較的多くの人に知られているという点で次の資料を選んだ。

どんどんばしのできごと

きのうからふりつづいた雨もすっかりあがり、秋空がすみきったよい天気である。学校が終わって、ぼくはいつものように、正くん、まことくん、すみおくんといっしょに帰った。

とちゅう、どんどんばしのところまでくると、水がいきおいよくながれていて、はしのところで大きなうずをつくっていた。

川上の方からながれてくるごみが、うずのところまできて、くるくると２、３回まわったかと思うと、すうーっとすいこまれて、はしの下をくぐりぬけ、川下の方へながれていく。

それがおもしろいので、ぼくたちは、あたりにあるぼう切れや草をかきむしってうずの中にながしこんで、だれのが早くはしの下をくぐりぬけるのかきょうそうしてあそんだ。ぼうや草はうずにのまれ、見えなくなっていく。

そんなことを何回かしているうちに、
「このかさを入れたらどうなるのかな。入れてみようか。」
と、まことくんが言った。
「ながれが強いからやめなよ。」
と、みんなが言ったが、まことくんは、

> 「だいじょうぶだよ。ぼくのかさはじょうぶだからな。」
> 　と、うずの中に入れてしまった。かさは、ゴゴーッという音とともにうずの中にすいこまれていった。
> 　ぼくたちは、いそいではしの下の方へ行ってみた。
> 　しばらくして、まことくんのかさが、わき出る水といっしょにうき上がってきた。
> 「ほら、だいじょうぶだよな。」
> 　と、まことくんはとくい顔で言って、かさをすくい上げた。
> 「正くんもやってみないか。」
> 　と、まことくんがすすめたが、正くんは、
> 「ぼくはいやだ。」
> 　と言って、ことわった。すると、すみおくんが、
> 「正くんはゆうきがないんだなあ。」
> 　と言って、自分のかさをうずの中に入れて、はしの下にかけよった。
> 　かさはわき水といっしょにうき上がってきた。ぼくはどうしようかまよった。
>
> 　(ようし、やってみせるぞ。)
> 　ときめて、かさをうずの中に入れた。
> 　そのとたん、バリバリと大きな音がした。
> 　みんなではしの下へ行ってかさをまったが、いくらまってもかさはながれてこない。
> 「あ、かさだ。」
> 　わき出る水といっしょに黒いものが見え、ぼくはほっとした。
> 　正くんがすくい上げてくれたが、かさはほねがボロボロになってしまっていた。
> 　ぼくはだまって、ボロボロのかさをじっと見ていた。目の中にあついなみだがたまるのがわかった。
> 　みんながぼくをなぐさめてくれたが、何とも言えない気もちで家に帰った。
> 　夜になっても、夕ごはんがおいしく食べられなかった。

（本資料は『小学校どうとく　あすをみつめて３』日本文教出版を用いたが、原典は千葉県教育研究会道徳部会資料であったものが『小学校道徳の指導資料とその利用１』（1976年文部省）に掲載され、現在では数社の副読本に掲載されている。表現等に若干の違いはあるが、物語の展開はほぼ同じである。）

（１）葛藤場面や対立場面での討論のおもしろさとは

　教師があらかじめ用意した発問に沿って進めていく授業は、子どもにとっておもしろい学習でないと考えている教師は多い。つまり、子どもは教師の期待する

第1章　道徳授業を深める

答えを探り当てようとするのではなく、もっと能動的で本気で考えるような話し合いをさせるべきだという考えである。そして、教師は子どもたちの活発な話し合いの傍らで、意見の交通整理をする司会者になるような授業がよい授業だとも考えている。この考えが正しいかどうかはさておき、このような、子どもの活発な話し合い（討論）を重視する人たちは、「どんどんばしのできごと」で次のような学習活動をさせることが多い。

　資料の主人公（ぼく）が、自分の傘を入れようか、それとも入れないでおこうかと迷っている場面で、「迷っているぼくは、どんなことを考えているでしょうか？」あるいは、「このあと、ぼくは傘を入れるでしょうか？」「あなたがぼくだったら、傘を入れますか？」などの発問によって《入れる派》《入れない派》に分かれて討議をさせる。そこには、このような論点であれば、はじめから答えが分かってる話し合いとは異なり、子どもたちは真剣に考え、活発な話し合いの中で、多様な考えが出され、話し合いは深まるに違いないという考えがある。モラルジレンマや価値の明確化のようなオープンエンドの道徳授業に魅力を感じる理由の一つもこの考えによるものである。

　子どもたちにとっては、本気で考えることのできる課題について議論が白熱する学習は、おもしろいと思われる。では、上記の課題は子どもが本気で考えられる課題であろうか。

　主人公が迷っているのであるから、そこに明確な答えはないと思うかも知れない。しかしこの後、主人公は自分の傘をうずの中に入れるという行動をとる。心の中では迷っているかも知れないが、主人公の行動は決まっている。そうなると、《入れない派》で意見を言っていた子どもは、（はずれた）と思うかも知れない。（はずれたけれども、自分の考えは間違っていない）と思う子どももいるだろう。ただし、これも本時のねらいに照らしたときには最後には〈はずれ〉になってしまう。このように、答えが決まっているにもかかわらず自由に考えを述べ合う話し合いで、子どもは真剣になるのだろうか、また、それは子どもにとって本当におもしろいのだろうか。

（2）子どもに課題を見つけさせる授業のおもしろさとは

　子どもが見つけた課題の解決に取り組むことが学習をおもしろくすると考えている教師たちは、資料の中の課題を子どもに見つけさせようとする。

「どんどんばしのできごと」の中から自分が考えたいところや問題だと思うところを見つけさせた場合、主なものは次のとおりである。
　◎主人公（ぼく）が迷っているところ、迷っているわけ。
　◎主人公（ぼく）は、どうして傘をうずに入れたのか。
　◎傘が壊れてしまったときに主人公（ぼく）が考えたこと。
　さて、これらの課題は紛れもなく子どもたちが見つけ出したものであるが、果たして子どもたちが本当に考えたいと思って出したものであろうか。
　一つ目の、迷っている場面では、主人公（ぼく）は傘を入れて壊れたらいやだという気持ちと、友達から勇気がないと言われるのがいやだという気持ちの間で迷っているのであるが、子どもたちは、その迷いを課題を見つける段階で分かっていないわけではない。分かってはいるが、教師から問題を見つけるように指示されたのであえて見つけたのである。
　二つ目の、主人公（ぼく）が傘をうずに入れた理由も、本当は入れたくないが、友達に勇気がないと言われたくないから思い切って入れたのである。これについても、改めて考えるまでもないことは子どもたちは分かっている。
　三つ目の傘が壊れたときに主人公（ぼく）が考えたことは、道徳授業として考える意味があるだろう。ただし、「やっぱり、やめておけばよかった」では浅い。その後悔の念を通して、人間としての弱さや、よりよく生きたいという人間を理解させなければ、よく考えて行動することの自覚を深めることにはならない。だが、そのためには教師は司会者ではいられない。適切な補助発問を用意しておく必要がある。
　子どもが見つけた課題に沿って学習できれば授業はおもしろくなるだろう。しかし、そのことは容易ではなく、教師の適切な関わりが必要である。生活上の課題を見つけさせる場合も同様である。また、子どもが課題を見つけたと言っても、全員が見つけたわけではない。一部の子どもが見つけた課題をみんなの課題として取り上げるだけである。ならば、それ以外の子どもにとっては、教師が考えさせたい課題について話し合う学習と同じく、受動的な学習にならないのだろうか。

（3）具体物や視聴覚機器を活用することのおもしろさとは

　「どんどんばしのできごと」の後半部分の、わき出る水といっしょに（ぼくの）傘が壊れて出てきた場面で、実物の壊れた傘を子どもたちに見せるという授業を

見ることがある。教師がボロボロの傘を見せたとたん、子どもたちの間から「わあ！」と声が上がった。壊れた傘は、確かに子どもたちを引きつけている。

　このような工夫をどう考えればよいのだろうか。授業の中で具体物や映像、写真、絵などを提示したり、視聴覚機器を活用したりすれば子どもたちを引きつけることができる。また、子どもの資料理解を助けるという意味においても効果がある。その点では、授業のおもしろさに役立つと言える。

　ここで、このような具体物や視聴覚機器がもたらす授業のおもしろさについて考えてみよう。日頃、教室で行われる学習の多くは、教科書、ノート、黒板を用い、話し合いや作業の活動によって進められている。このような学習は子どもたちには好まれない傾向がある。そんな授業で具体物が登場すると、子どもが喜ぶのは当然である。このことは重要である。どんなに中身のある授業であっても相手は子どもである。子どもである以上、退屈な授業をしてはいけない。そのための工夫は必要であるが、あくまでもねらい達成の手段であることを忘れてはならない。

　また、弊害もある。「どんどんばしのできごと」で、壊れた傘を見せた授業で、「目の中にあついなみだがたまっているときのぼくは、どんなことを考えていたでしょう？」という発問に対して、子どもたちから出された反応は「やっぱりやめておけばよかった」なぜなら、「かさがこわれてしまったから」「次に雨がふったらこまるから」「かさをこわしたのでお母さんにおこられるから」「かさがこわれたのでそんをしたから」で、子どもたちは傘が壊れたことを強く意識してしまっていた。これでは、よく考えて行動する授業なのか、物を大切にする授業なのか分からない。

　授業を退屈なものにしないための工夫は必要である。しかし、それはあくまでも手段である。手段は授業のねらいを達成するために効果的に働いてこそ手段である。その点を、吟味した上で取り入れる必要がある。

（4）役割演技のおもしろさとは

　低学年の子どもほど役割演技が好きである。役割演技のおもしろさについて子どもたちに聞いてみると、「前に出て役をするのがおもしろいから」「役をしたら、友達が喜んで見てくれるから」「友達が役をするのを見るのがおもしろいから」などの声が返ってくる。中には、「お面をつけられるから」「その動物になれるか

ら」という声もある。このように、役割演技は低学年の子どもたちにとっておもしろい学習活動だと言える。これらのおもしろさを少し整理してみると、演じる楽しさ、表現する楽しさ、役になりきる楽しさなどがあるようだ。しかし、同時に資料を読んだり、話を聞いたり、話し合ったりするだけの活動ではない動きのある活動の魅力もあるだろう。そこには、じっとしていることや抽象的に考えることに不向きな子どもの特性が関係している。低学年では45分間座ったままの学習は退屈なものになりやすい。そこで、学習活動に変化を与え子どもが退屈しないように、様々な活動を取り入れる必要がある。その一つが役割演技である。

　高学年になるにつれて、役割演技をすることを恥ずかしがる傾向が見られるようになるため、単純に「おもしろい」とは限らなくなる。それでも、子どもたちの中には、じっと座って言葉によるやりとりをする退屈な学習に比べれば魅力的を感じる者もいるだろう。また、自由に演じている中で気づきがあったり、驚きがあったりする。このような子ども自身が自由に表現し、知らず知らずのうちに、主人公になりきったり、自分の思いを表出したり、今まで気づかなかった自分に気づいたりすることも役割演技のおもしろさだと言える。このように、役割演技には様々な目的や効果あるいは課題があるが、道徳授業に取り入れる場合には、それらをよく理解しておく必要がある。

　一方、子どもたちが言っているように、役割演技には演じることや、それを見ること、何かになりきること自体のおもしろさもある。座って、頭で考えるだけの学習では退屈だろうからと役割演技等を適度に取り入れる授業があっても構わない。ただし、これらのおもしろさについては、具体物等の活用と同様、その時間の道徳授業にとってどのような意味があるのか、あるいは、どのような意味しかないのかを知っておく必要があるだろう。

(5) 子どもにとって魅力的な資料のおもしろさとは

　道徳の時間に用いる資料は授業の中心的な役割を担っており、授業がおもしろいかどうかについても、資料の果たす役割は大きい。小学校学習指導要領には、「先人の伝記、自然、伝統と文化、スポーツなどを題材とし、児童が感動を覚えるような魅力的な教材の開発や活用を通して、児童の発達の段階や特性等を考慮した創意工夫ある指導を行うこと。」（第3章道徳の「第3　指導計画の作成と内容の取扱い」の3-(3)) と示されており、小学校学習指導要領解説　道徳編

(以下、「解説」)には、道徳の時間に生かす教材が具備すべき要件として5点[1]、子どもがより意欲的に取り組み、学習への充実感をもち、道徳的価値の自覚を深めることができるようにするためのさらなる要件として6点[2]が挙げられている。これらは、どれも道徳授業のねらいを達成するための要件であるが、同時に授業をおもしろくするための要件と考えてもよい。

　これらの要件を満たすべく、教師たちは様々な資料開発の工夫を行っている。

　例えば、子どもに事実の力で迫るノンフィクションの資料、子どもたちが身近に感じる人物やあこがれのアスリート、郷土の人物を扱った資料、人の死を扱った資料や泣ける資料、そのほかの絵本や詩・歌、昔話や子どもの作文などから、子どもにとって魅力的だと思われる材料を見つけ出し、道徳の時間の資料として活用している。

　さらに、資料提示の工夫として、紙芝居にする、映像を使う、BGMや効果音を使う、ペープサートやパペットを使うなどもあり、教師たちが道徳の授業をおもしろくするために様々な工夫をしていることが分かる。

　ここで大切なことを二つ述べる。

　一つは、資料に関わるこれらのおもしろさを授業のねらい達成と結びつけてこそ、その意味がある。資料も他の指導法と同様、ねらいを達成するための手段である。資料はおもしろく感動的であるが、ねらいが達成できていなければよい授業とは言えない。これは、何も道徳授業に限ったことではない。

　もう一つは、大人と子どもの発達や経験、知識や感じ方が違うということである。大人である教師が魅力的だと思う資料が、子どもにとっても魅力的だとは限らないことを忘れてはならない。

3．子どもにとって分かりきったことを教えようとしていないか

(1) 道徳的価値が分かるとは

　道徳の時間がおもしろくないと思われる理由の一つに、道徳に関しては子どもたちは何がよいか何が悪いかをすでに分かっているという教師の考えがある。例えば、子どもは、うそをついてはいけないことぐらいよく分かっている。そんな分かりきったことを改めて指導することは押しつけであり、そんな授業は子ども

にとっておもしろいはずがないという考えである。

　このことについて考えてみたい。子どもたちには道徳（善悪）に関して分かっていることがあるのは間違いない。例えば、「うそをついてはいけない」「人には親切にすべきだ」「きまりを守るべきだ」「友達と仲よくしなければならない」「命は大切だ」など、学習指導要領の内容に含まれる道徳的価値ぐらいであれば、それが善いか悪いか、そうすべきかすべきではないかについては分かっている。では、本当に分かっていると言ってもよいのだろうか。物事について分かっているのであれば、その意味や価値について説明できなければならない。例えば、ピカソの絵の価値が分かっている人であれば、なぜ価値があるのかを説明できるはずである。分かっていない人は「作者が有名だから」「高い値がつくから」などと言うのが精一杯であろうが、その価値が本当に分かっている人ならば、絵そのものの価値について述べることができるはずである。そして、その分かり方の程度に応じて、説明の程度も異なってくる。

　それと同じように、道徳的価値につけられた名前（徳目）を知って、それが善い意味で使われていることぐらいは幼い子どもでも分かっている。しかし、そのことと価値を分かっていることとは同じではない。生命が大切であることを知っていても、なぜ大切なのかを説明することは大人でも難しい。そして、その価値の分かり方も一面的なものではなく、様々な角度、様々な視点を考慮すると、分かり方は限りなく深い。小学校段階で、道徳的価値の全てを分からせることはできないし、その必要もないと考える。子どもの発達の段階や経験を考慮しながら、少しずつ分からせていくことが大切である。道徳の時間の年間指導計画は、それを具体化したものである。

（2）「どんどんばしのできごと」から見た道徳的価値の分かり方

　この資料を用いた授業のねらいは、「よく考えて行動し、節度ある生活をする」である。このねらいに関して子どもたちが分かっていることは何か。

　例えば、「よく考えて度を過ごさないように行動した方がよいか？」と尋ねれば、ふつうは「もちろんその方がよい」と答えるだろう。それでは、どうして「よく考えて行動した方がよいのか？」についてはどんな答えが得られるだろうか。3、4年生でも「失敗しないため」「失敗したあとで後悔しないため」などの理由は見つけられるだろう。そこで、「よく考えないで行動しても失敗しない場合

もあるし、よく考えて行動しても失敗する場合もあるのではないか？」「いや、考えすぎてかえってうまくいかない場合もあるのでは？」と反論すると、「そういう場合もあるけれど、やっぱりよく考えた方が失敗しにくい」と言う。「『失敗は成功の母』というように、人間は失敗しながら成長するものだから、失敗を恐れていてはいけないのではないのか」と言うと、「それでもよく考えた方がよい」とはじめに戻ってしまう。このような抽象的な議論では、子どもは深く考えることができずに、はじめに戻ってしまうことがよくある。道徳の時間に資料を用いる意義の一つに、抽象的な議論にならずに具体的な場面、状況で考えることがある。

では、「どんどんばしのできごと」で、子どもに何を分からせることができるのか。「よく考えないで行動すれば、失敗をしてあとで後悔する」ではない。確かに、この資料の主人公（ぼく）は、壊れた傘を見て涙を浮かべる。しかし、それはたまたまそうなったからである。この場合、傘が必ず壊れるとは限らない。前の二人の傘が壊れなかったのに、主人公の傘だけが壊れたのは、その傘が弱かったのか、それとも元々壊れかけていたのか、あるいは、うずの中の流れが激しい部分を通ったのかなどの原因が考えられる。したがって、涙を浮かべる主人公に共感させて、「やっぱりやめておけばよかった」という考えを引き出したとしても、心の中には、（運が悪かった）（何でぼくだけ）という考えが浮かんでいるはずである。つまり、よく考えないで行動すれば失敗をしないということは説得力をもたない。「では、壊れなかったらどう思っただろうか？」と質問すると、「よかった」「これぐらいでは壊れないのかな」となる。

（3）「どんどんばしのできごと」で子どもが分かること

最後の場面での主人公の涙から、よく考えて節度ある行動をすることについてどんな理由が見つかるだろうか。このことを見つけるためには、主人公がはじめから自分の傘をうずに入れることには消極的であったことを見落としてはならない。資料には、「ぼくはどうしようかまよった。（ようし、やってみせるぞ。）ときめて、かさをうずの中に入れた」と書かれている。「どうしようかまよった」という言葉があるために、入れるか入れないかを50対50で迷っているように思われがちであるが、この場合傘を入れる理由は友達に勇気がないと言われないためであり、それがなければ入れるつもりはないのである。つまり、本当は入れたく

はないのである。だから、(ようし、やってみせるぞ)と覚悟を決めて入れたのである。授業の中では、「ぼくは、本当に入れたかっただろうか?」と発問する。(少しはおもしろそうだという気持ちもあったかも知れない)と考える子どももいるが、「ぼくが傘を入れた本当の理由は何だろうか?」を考えさせれば、友達の手前、入れたくない傘を入れたことが明確になる。

　以上のことを押さえた上で、最後の涙の意味について話し合っていくと、「本当はやりたくない、やらない方がよいと分かっていたのに、友達に勇気がないと言われたくないから、しかたなくやったが、やっぱりやめておけばよかった」という後悔に気づくことになる。つまり、ここでの「よく考えて」は、算数やクイズの問題を解くために頭を使って考えるという意味ではなく、本当は自分がどうすべきだと思っているのかを考え、その考えにしたがって行動することである。だからこそ、本意ではない行為の結果が悪かったときには、(やっぱり、やるべきではなかった)と自分を責めるのである。

　それでは、傘が壊れなかった場合はどうか。主人公が傘を入れたあと、「みんなではしの下へ行ってかさをまったが、いくらまってもかさはながれてこない。」という文がある。この、傘が出てくるのを待っている主人公の気持ちを想像させると、先ほどと同様(やらなければよいと分かっていたのに、勇気がないと言われたくなくてやってしまった)という自分に対する情けない気持ちであることが分かる。この後で、傘が無事だったとしても、(これからは、自分がすべきではないと思ったことはしない)と思うに違いない。

4．要としての道徳の時間

(1) 道徳の時間を行為の指導の手段にしていないか

　小学校学習指導要領の第1章総則の2には、「学校における道徳教育は、道徳の時間を要として学校の教育活動全体を通じて行うものであり、道徳の時間はもとより、各教科、外国語活動、総合的な学習の時間及び特別活動のそれぞれの特質に応じて、児童の発達の段階を考慮して、適切な指導を行わなければらならない。(以下省略)」と書かれている。また、「解説」の第3章の「第2節　内容項目の指導の観点」には、「『第2　内容』の学年段階ごとに示されている内容項目は、そのすべてが道徳の時間を要として<u>学校の教育活動全体を通じて行われる道</u>

徳教育における学習の基本となるものである。」（下線は筆者）ことが示されている。つまり、内容項目は道徳の時間だけのものではなく、学校の教育活動全体を通じて行う道徳教育（以下「道徳教育」）の内容でもある。そして、どの内容項目も、「うそをついたりごまかしをしたりしないで、素直に伸び伸びと生活する。」（下線は筆者）のように、なすべき行動として述べられている。

　このことから、「道徳教育」と道徳の時間を一体的にとらえ、「できる」ことをめざしてしまっていないだろうか。もちろん、最終的には自律的に「できる」ことをめざしているが、できればよいというものではない。「解説」に書かれているように、「児童自身の内面から自発的、自律的に生起するよう道徳性の育成に努める必要がある。」[3]。

　しかし、「道徳教育」には、直接的な行為や態度の指導（「できる」こと）、そのための道徳的訓練も含まれている。学級活動や学級経営における指導には、「できる」ことを求めるものも少なくないし、そのような指導も必要である。それに対して、道徳の時間の目標は、あくまで内面的資質である道徳的実践力の育成である。「道徳教育」と道徳の時間が別の目標をもっている限り、それぞれの特質を正しく理解し、その特質を最大限に生かした指導をすることが求められる。つまり、学習指導要領の目標に記されている「密接な関連」とともに両者の「棲み分け」が必要ではないのか。

（2）道徳の時間にしなければならないこと、しなくてもよいこと

「道徳教育」と道徳の時間が別の特質をもっていることはすでに述べた。

　したがって、「道徳教育」でしなければならないことは「道徳教育」で、道徳の時間でしなければならないことは道徳の時間でするべきである。「道徳教育」で成果が上がらないからと言って、道徳の時間に行為の指導の片棒を担がせることは、その趣旨に反するばかりか、本来の効果が期待できない。

　一方、道徳的に行動すべきことについて学校は責任をもって指導する必要がある。特に、規則正しい生活、整理整頓、思いやりのある態度、礼儀正しい言動、友達と仲よくすること、きまりを守ること、責任を果たすことなど目に見えるものや習慣として身につけるべきものは、日々の生活の中で指導しなければならない。指導とは、口やかましく言うことではない。規則正しい生活をさせるためには様々な手だてが考えられる。その中には子どもによって効果的なものとそうで

ないものもある。指導力のある教師は、子どもの実態に応じた適切な指導を適切な時期に、あるいは継続的に行っている。したがって、子どもたちは目に見えて変容する。反対に、教師がいくら指導しても、変容が見られないどころか、かえって悪くなっていると感じることもある。だからと言って、道徳の時間に「よく考えることは大切です」「よく考えてから行動しなさい」という指導をしても、子どもはよく考えるようにならないだろう。

　道徳授業の、展開後段で、「これまで、よく考えて行動したことはあったか（よく考えないで行動してしまったことはなかったか）」と、自分の経験を振り返らせる活動が広く行われてきた。このように、自分の経験と重ねることで、道徳的価値をより深く自覚できるであろうが、実際の学習の場で、いったいどれだけの子どもが自分の経験と重ねて道徳的価値を自覚できているのであろうか。教師の求めに応じて、単に主題と似た経験を思い出すだけであったり、よく考えて行動した（よく考えないで行動してしまった）という作文を創作しているだけの子どもがどの程度いるのかは、子どもをよく見ている教師ならば分かるはずである。

　それ以上に注意しなければならないのは、子どもに自分の生活を振り返らせることで、行為や態度を押しつけてしまわないことである。

5．道徳授業のおもしろさ

　授業には、その特質にふれるおもしろさと、手段としてのおもしろさがある。
　前者は、ねらいにせまるおもしろさ、つまり、道徳的価値の自覚及び自己の生き方についての考えが深まるおもしろさである。子どもの側に立って言うと、道徳的価値や自分の生き方について、「だから、そのことが善いのか。今、納得した。自分のことを考えてみても確かにそのとおりだ」などと、子どもが分かったときには、おもしろかったと充実感を得る。
　後者は、先に述べた、学習活動や資料、指導方法など、ねらいにせまるための手段としてのおもしろさである。小学校の教師が、このおもしろさを否定することは考えられないが、あくまでも手段であり、子どもがどんなに喜び、授業が盛り上がったとしても、その時間のねらいが達成できていなければ授業をした意味はない。子どもにとっておもしろいだけでよいなら、自由に遊ばせておくだけでよいかも知れない。

授業のおもしろさは教科の授業においても同様である。例えば理科の授業であれば、子どもが自然現象の中にある法則性に気づいたときに、「なるほど、そのとおりだ」「確かに、そうなっている」と感動し、納得する。そして、「すばらしいことを学んだ」と学習に喜びを感じる。これが理科のおもしろさである。「実験がおもしろかった」「手品みたいだった」「きれいだった」「びっくりした」という感想についても、自然の中にある法則性への気づきなど理科の特質にふれなければ、実験という名の遊びでしかない。

道徳の時間において、子どもが分かることによるおもしろさは、「どんどんばしのできごと」で述べたように、人間であれば誰もがもっている弱さを理解すると同時に、誰もが心から弱さや悪をめざしているわけではなく、やはりよりよく生きたい、自分が善いと思うことに従いたいという願いをもっていることに気づかせることである。それは、道徳という私たち人間が昔から引き継ぎ、発展させてきた知恵の遺産の価値や意味を理解することであり、同時に自分の生き方を含めて人間がどういうものであるかを理解することでもある。このことが、分かったときに子どもは、学びに喜びを感じ、道徳授業がおもしろいと思うはずである。

6．まとめ

道徳の時間の目標は、小学校学習指導要領に示されている。また、その説明も「解説」に書かれている。しかし、それだけでは道徳の時間をどのようにすればよいのか、また、どうすればよりよい道徳授業ができるのかは分かりにくい。

そのような状況の中で、よりよい道徳授業がどんな授業なのかもはっきりしないままに日々の授業に悩んでいる教師もいることだろう。また、巷では、「道徳の授業はこうあらねばならない」と「道徳の時間には、こんなことをしてはいけない」というような常識もあるようだ。教師は、目の前の子どもたちをよくしたいという願いをもっている。そして、そのために真摯に取り組んでいる。しかし、道徳性には見える部分と、見えないけれども大切な部分がある。道徳の時間が担うのは後者に属する道徳的実践力であるだけに、その成果が見えにくい。

道徳授業を少しでも分かりやすくしようと、全国で多くの教師が研究を行いその成果を発表している。また、大学の先生をはじめとする様々な研究者が持論を展開する。筆者もその一人である。

道徳授業を深めるためには、まず、目標について正しく理解することである。その一つは、目標と方法を混同しないことから始まる。1時間の授業で言うならば、その時間のねらいを具体的に設定することができれば、そのための手段の吟味も具体的になる。もう一つ、「道徳教育」と道徳の時間を区別することも重要な点である。「道徳教育」ですべきこと、できることは、そこでしっかり行わなければならない。その上で、道徳時間の特質を生かした授業を行うことが大切である。

　本章では以上の違いに焦点を当てて道徳の時間の特質について述べてきた。そのことが分かれば、基本から外れることなく道徳授業ができると考える。このことは、自分なりの工夫やアレンジができるようになるためにも必要であると考える。おもしろいと思える道徳授業をめざして欲しいと願う。

註
（1）小学校学習指導要領解説　道徳編第5章第4節の3－（1）に、道徳の時間に用いられる教材の具備すべき要件として次の5点が挙げられている。
　　ア　人間尊重の精神にかなうもの
　　イ　ねらいを達成するのにふさわしいもの
　　ウ　児童の興味や関心、発達の段階に応じたもの
　　エ　多様な価値観が引き出され深く考えることができるもの
　　オ　特定の価値観に偏しない中立的なもの
（2）同上書には引き続き、児童が学習に意欲的に取り組み、学習への充実感をもち、道徳的価値の自覚を深めることができるようにするための要件として次の6点が挙げられている。
　　ア　児童の感性に訴え、感動を覚えるようなもの
　　イ　人間の弱さやもろさに向き合い、生きる喜びや勇気を与えられるもの
　　ウ　生や死の問題、先人が残した生き方の知恵など人間としてよりよく生きることの意味を深く考えさせられるもの
　　エ　体験活動や日常生活等を振り返り、道徳的価値の意義や大切さを考えることができるもの
　　オ　悩みや葛藤等の心の揺れ、人間関係の理解等の課題について深く考えることができるもの

カ　多様で発展的な学習活動を可能にするもの
（3）小学校学習指導要領解説　道徳編第2章第2節の「（7）その基盤としての道徳性を養う」。

第2章 道徳授業づくり構想法

櫻井宏尚

学級の特質に沿った、より適切な指導計画を立て、授業を検証することで、授業力を向上させる方法。

対人関係、行動のチェックなど、児童の実態を踏まえ、指導要領の内容項目を基に授業を組み立てる。

　道徳の時間の特徴は、計画的発展的に指導するところにある。そのために、各学校では、年間指導計画がつくられている。普段の道徳授業づくりは、その年間指導計画に従って行われているだろう。

　しかし、それだけでは、道徳の授業力を向上することはできない。年間指導計画は、各学校が、地域の特性やそのときの児童の発達段階、学校の特色などを加味してつくったものである。従って、道徳の時間を根本からつくるのではなく、指導計画を具体化することにとどまってしまうことが考えられる。授業力を向上させ、児童により望ましい効果を上げるためには、年間指導計画に基づきながらも、学級の実態に即した授業を構想することが必要になる。例えば、授業参観、研究授業など学期に一度は、授業づくりの根本から始めることが大切である。

　本章では、その具体的な手順を以下の流れで述べることとする。

1　ねらいとする道徳的価値を理解する

　学習指導要領第3章道徳「第2　内容」を指導要領解説　道徳編第3章「第2節　内容項目の指導の観点」に基づいて正しく考え、ねらいとする道徳的価値を具体的に児童の姿として理解することが大切である。

2　道徳的価値から児童の道徳性の実態をとらえ直す

　次に、具体的に児童の姿としてとらえた道徳的価値から児童の道徳性の実態を捉え直し、どのような角度からその道徳的価値（学習内容）に迫るのかを考える。

3　道徳的価値を踏まえた児童の道徳性の実態から資料を見直す

　同じ学年で、同じ内容項目を扱うにしても、児童の実態から、何がたりないのか、どんな点を伸ばしたいのか、児童に必要なことから、資料を吟味し、どこを中心に据えて、ねらいとする内容項目に迫るのかを考える。

4　板書を構成することで発問を組み立てる

　授業を構想するとき、板書がイメージできると、指導の流れがしっかりと自分の中にできあがったと言える。板書を構成することによって、基本発問、中心発問を考え、指導案を組み立てる。

5　授業評価の方法を明らかにする

　児童が何を理解したのかを明らかにすることで、授業を評価することは大切である。内容項目の理解、指導法、指導の流れなどを反省するこができる。その反省を基に次の授業を構成していくのである。

1．ねらいとする道徳的価値を理解する

　道徳の授業の場合、他の教科よりも曖昧になりがちなのはねらいとする道徳的価値を理解することである。学習する内容を曖昧なままにして、指導案を作成するということはあり得ない。しかし、道徳の時間の場合、「この時間で児童に何を考えさせようとしたのですか。」と指導者に尋ねると、はっきりと答えられなかったり、曖昧であったりする場合がある。それでは、きちんとした授業を行えるわけがない。

　では、どのようにして、ねらいとする道徳的価値を理解すればよいのか。
　それは、指導要領解説内容項目の指導の観点を熟読するところから始まる。

　例えば、高学年2－(2)の項目で見てみよう。

> だれに対しても思いやりの心をもち、相手の立場に立って親切にする。

（1）該当の学年の指導内容を見る

　他の人に対して親切にしなければならないということは、小学生ならば誰もが知っている、他の人に接するときの基本姿勢である。ここで大切なのは、思いやりとはどういうことなのか、親切にするとはどういうことなのか、高学年の発達段階に即して理解する必要があるということなのである。

　人と人とが親しくなり、よりよい関係を築いていこうとすると、お互いを思いやり、相手の立場に立って考え行動することが必要になってくる。相手が今どのようなことを考え、どのような状態にあるかをしっかりと見極め、自分自身どのように相手に接しようとするのか、自分の思いを相手に向けるのが思いやりである。それが具体的な形となって、相手に対する優しい態度や励まし、援助などの行為として現れてきたものが親切である。

　この内容項目の大切さを全体的に理解した上で、次に、高学年の発達段階に即して、考えてみよう。

　高学年の児童は、抽象的論理的な思考をすることができるようになってきて、行為の結果だけではなくその動機をも考えることができるようになる。そのため、相手の身になって考える共感能力というものも発達してくる。

　しかし、自分の判断に固執してしまい、相手の立場も考えずに行動してしまったり、自分の価値観を押しつけてしまったりする面も見られる。

　だからこそ、この段階では、まず、相手の立場に立つとはどのようなことなのかをしっかりと考えさせることが大切である。どのように接すればあるいはどのようなことをすれば相手のためになるのか、場合によっては見守ることも思いやりなのだということにまで気付かせたい。

　また、自分に近い相手や利害の一致する相手などには親切にできるものの、知らない相手であったり、意見が異なるものにまで親切にするのは難しいことである。そのような場合であっても、相手の立場に立ち、困っているときには、積極的に行動し、だれに対しても親切にしようとする意識まで高めていくことが求められる。

（2）他の学年とのつながりを見る

> 低学年　幼い人や高齢者など身近にいる人に温かい心で接し、親切にする。
> 中学年　相手のことを思いやり、進んで親切にする。

　指導内容は、発達段階に即して書かれている。自分が、高学年を指導するとき、低学年から、それがどのように発展し、高学年ではさらにどのような点が付け加わっているのかを考える必要がある。その内容を理解しておくことは、児童の価値観形成の流れをつかむばかりでなく、実際の授業場面での児童の反応にも適切に対処する力ともなる。

　例えば、低学年では、自己中心的な段階にあることから、身近な人に広く目を向けさせることに力を入れる。中学年では、行動の広がりと共に相手の気持ちをより深く理解して、自ら進んで親切にする大切さを考えさせたい。以上のことを中学年までで学習することにより、高学年はその上に立った「だれに対しても」「相手の立場に立って」ということまで学習することが可能になるのである。

　以上のようにその時間で学習する内容をその学年、学年間の流れの面から理解しておくことによって、自分の学級の児童たちの実態からそれをより具体的なめあて、学習内容として設定することができるようになるのである。

2．道徳的価値から児童の道徳性の実態をとらえ直す

　授業で扱う指導内容や資料が、児童の発達段階や興味関心、課題などから大きく離れていれば、学習の深まりは期待できない。ひとりひとり、そして、学級全体の道徳性の実態を把握しておくことは、指導者として当然のことである。児童はそれまで育ってきた環境や生活体験が異なっているのであるから、考え方や感じ方が違って当たり前である。しかし、それぞれの児童には、考え方や感じ方の傾向がある。それらをいくつかの方法で把握し、学級全体の傾向をつかむことから授業構成を考えることができるようになる。

　実際には以下のような方法で実態を把握していく。

(1) 観察

　日頃の児童の言動、生活・学習態度、交友関係などからその児童の特徴をつかむということである。学習態度一つにしても、準備をきちんとしているか、忘れ物はないか、友達の話をよく聞いているか、積極的に発言するか、何が得意で何が苦手か、担任であれば、観察を積み重ねていくことで、その児童の考え方や行動の傾向をとらえることができるであろう。

(2) 作文、日記などの記述

　児童の作文や日記などからも児童の考えや感じ方の傾向をつかむことができる。また、それらをきっかけとして、児童と話すことにより、より深い理解ができる場合もある。教科のノートなどでも、その児童の性格や考え方の傾向をつかむことができる。教科ノートのチェックは、本来学習評価のために行うものであるが、副次的に理解に役立つときもある。

(3) 家庭訪問や教育相談

　児童の実態をよく知っているのは、やはり保護者である。家庭訪問や教育相談の機会は有効に使いたい。学校での体験だけでなく、児童は家庭でも豊かな体験をしている。児童の新しい一面、気付かなかった姿をつかむように用意して臨みたいものである。

(4) アンケートやワークシート

　道徳の時間のためにアンケートを行うこともあるだろう。これは、その内容に関する直接の意識を探るのに役立つ。さらに、その授業だけではなく、児童の道徳性を示す一つの資料としても役立てたい。

　また、授業で使うワークシートやノートなども児童の考え方の変容を知るために活用したい。赤ペンなどを入れて、教師からコメントを付けるのも大切な手立てである。児童のさらなる思考を促すと共に、教師の資料ともなる。アンケートやワークシートなどは散逸しないようにひとりひとりの児童がファイルできるようにしておくことも大切である。児童自身も自分自身の考え方の変容や学習履歴を知る大切な資料となる。

第2章　道徳授業づくり構想法

　以上のような方法により児童ひとりひとりの実態をつかみ、さらには、学級全体の傾向をつかむのである。学級全体の傾向については、学級における指導計画や学級経営誌等に記録しておく。
　ここで気を付けておかなければならないことは、このような実態把握が、その児童やクラスのレッテル貼りになってはいけないということである。人は、ある行動から、あの人はこういう人だと一度レッテルを貼ってしまうと、安心してしまい、その人の全体像や別な面を見なくなってしまうことがある。人は日々変わっていくものであり、条件が変われば、別の行動をとることもある。児童を観察するときにも、一つの出来事から全てを決めてしまうのではなく、常に新しい目で見直していくことが必要である。
　学級全体の傾向にしても、学期や月ごとに見直してみることが必要であり、授業の時には、その内容に関しての学級の姿をきちんと見ることが大切である。

　次に、道徳的価値の面から学級の実態をとらえ直してみよう。
　再び、高学年2-(2)。

> だれに対しても思いやりの心をもち、相手の立場に立って親切にする。

　自分の学級の実態から、この内容をとらえ直してみよう。
　前半部「だれに対しても思いやりの心をもち」は、仲が悪くても、あまりつきあいが深くなくても、思いやりの気持ちがもてるかということである。
　自分に対して好意的な態度をとらなかったり、相手のことをよく知らなかったりすると、嫌悪の感情や無関心などから、思いやりの感情を持つことは難しい。
　例えば、「なかのよいグループの友達には親切にできている。隣のクラスの児童でも、よく知っている児童には、親切にできる。しかし、なかよしグループではない児童や同じ学年であっても、よく知らない児童には、関わらないようにしているように見える」という実態がつかめていた場合は、「だれに対しても」思いやりの気持ちをもつ必要性や大切さを考えさせることが必要になるであろう。そもそも、思いやりというものは、自分の恣意によって、行ったり行わなかったりしてよいものなのかどうかを考えさせる必要があるかもしれない。

場合によっては、低学年で学習してきた身近な人に親切にするということについても、見直す必要があるかもしれない。都合のよい人物にだけ親切にしてきた実態はないかということである。
　例えば、様々な人に親切にすることができている、クラスだけでなく、学年全体でも、地域に出ても、親切にしてほめられることが多い。一方で、相手のことをよく考えずにお節介な行動をしてしまったり、親切にすることは何でも大切だと考え、相手が必要としていないことまでしてしまったりする。という実態がつかめた場合は、「相手の立場に立」つとはどのようなことかを考えさせることが必要であろう。相手がどんな立場にあり、どんなことを困ったり悩んだりしているのかということを抜きに自分の思いばかりをぶつけるのでは、親切どころか迷惑になってしまう。相手のことを考えて行動することがいかに大事なことであるのかをとらえさせることが大切である。
　中学年の段階の「相手のことを思いやり」ということがどれだけ理解されているのか、あるいは、理解しているのにそのようにできない阻害要因は何かを考えておくことも必要になる。

　以上のように、児童の姿として理解した道徳的価値からもう一度学級の実態を見直すことで、自分の学級には、今、何ができていて、何がたりないのか、どんなことをさらに考えさせていかなければならないのかが見えてくる。
　既に多くの児童が分かっていること、できていることを学習させようと思っても、児童は意欲が高まらないだろう。分かっているつもりであったのに理解がたりなかった。そんなことは初めて分かった。というような内容がなければ、児童は意欲的に学習に取り組むことはできない。
　学習内容である道徳的価値をしっかり理解し、その価値から児童の道徳性を見直すことで、授業の方向が見えてくる。
　発達段階が似ているとはいっても、各クラスごとにそれぞれの特徴がある。だからこそ、児童の実態を的確につかむ必要があるし、道徳的価値からの見直しが必要なのである。
　次に、児童の道徳性の実態を踏まえた道徳的価値から資料を見直してみよう。

3. 道徳的価値を踏まえた児童の
道徳性の実態から資料を見直す

　今まで見てきたように、学級の実態というものは、どの学級も全く同じというわけではない。そこで、その実態から資料を見直すことによって、どのようにして、道徳的価値（学習内容）に迫るのかを考えなければならない。

(1) 主たる資料を決める

　一般には、次のような観点から読み物資料を扱うことが多いだろう。この章では、読み物資料について述べていくこととする。
　教科書会社では、副読本を作成する際、以下のような点に留意している。

　ア　人間尊重の精神にかなうもの
　イ　ねらいを達成するのにふさわしいもの
　ウ　児童の興味や関心、発達の段階に応じたもの
　エ　多様な価値観が引き出され深く考えることができるもの
　オ　特定の価値観に偏しない中立的なもの

　　　　　　　　　　　　「小学校指導要領解説　道徳編　p.93より引用」

　従って、長年使われている資料を使えば、児童を引きつけ、授業のねらいを達成することができるはずである。
　しかし、文科省道徳教育推進状況調査によると、道徳に魅力を感じている児童が、学年を経るごとに少なくなっていく。原因は何か。もちろん一つではない。
　その一つとして考えられることに「教師が資料を正しく読むことができていない」ことがあげられるだろう。
「先が見えている」「わかりきったことをなぜやらなければならないのか」
　一見、資料を読むと、主人公の行動からこういうときには親切にしよう、悪いことを見たときは勇気を持って注意しよう、などど読み取れてしまうのかもしれない。しかし、道徳は国語とは異なる。資料に現れている主人公の心情や状況を正しく読み取るだけではいけない。その資料に表現されている道徳的価値を読み取らなければならない。児童にとって、今まで抱いていた価値観が揺らいだり、

新しい価値観を獲得するものでなければならないのである。
　以上を踏まえて、選択した資料が適切なものであるのかを考える必要がある。

（2）資料を読む

　例えば、高学年2-（2）思いやり親切の実態が前述のように、「だれにたいしても」親切にできるわけではないし、相手の立場に立つということがどういうことなのか、十分わかっていないという実態があったとする。
「くずれ落ちた段ボール箱」（文部科学省資料）を例に考えてみよう。
　この資料では、主人公の女の子2人が、おばあさんが困っているという相手の立場に立って、孫が崩してしまった段ボール箱を代わりに片付けるが店員にとがめられ、せっかく親切にしたのにかえって残念な気持ちになる。その後、おばあさん、店員、校長にその行為のよさを認められ、すっきりするというお話である。
　このように読んでしまうと、親切にするということは、誰かに認められないとできない、という児童を育てることになるまいか。たとえ、店員に誤解され、おばあさんから礼を言われなくても、相手が困っていることを察し、親切にするということを考えさせなければならない。
　実際、校長先生にほめられてすっきりする主人公たちがいるのだが、このほめられるということがなくても主人公は親切にしたことを悔いてはいないし、むしろよかったと思っている。店員に誤解されたのがいやなだけだ。親切にしたことで、おばあさんも、店員も、校長先生も、まして主人公もみんないい気持ちになっている。相手の立場に立って親切にするとなぜよいのかが描かれている。これは、児童にとっても親切にするときの原動力になるであろう。
　つまり、資料を読むということは、道徳的価値を踏まえた児童の実態を基にその資料に表されている学習内容を的確につかみ、児童に考えさせることを明らかにしていく作業なのである。
　このように、児童の実態を踏まえて資料を読むと、授業の姿が見えてくる。
　次に、実際の授業の組み立て方を述べる。

4．板書を構成することで発問を組み立てる

　指導案を考えるとき、板書予想図をつくることがあるだろう。本章では、板書

第2章　道徳授業づくり構想法

をつくることから授業をつくることを提案する。
　その理由は、
①授業全体を一目でつかむことができる。
②授業の流れが見える。
③児童の反応をどのように授業に生かすのかを考えることができる。
④授業が大きく別の内容へ変わってしまうことが防げる。
⑤事前の板書計画と実際の板書を比べることで、授業評価の時の資料となる。
などがあげられる。

第5学年4組　道徳学習指導案　平成24年2月28日（水）3校時
主題名「困った人の身になって」内容項目2－（2）資料名「くずれ落ちたダンボール箱」
ねらい　だれに対しても思いやりの心をもち、相手の立場にたって親切にしようとする心情を育てる。
親切にするときは、相手の立場にたって考えることが大切であり、相手も自分も気持ちよくなることがわかる。

板書計画	学習計画
親切にするとよいこと 相手の人が助かる　喜ぶ まわりの人 自分 ◎親切にするときに大切なことはどんなことでしょう。 おばあさんが感謝している 男の子が迷子にならなかった お店の人が分かってくれてよかった みんなの前でほめられてよかった 親切にするときに大切なこと 相手のことを考えて行う 自信をもって行う 情けは　人の　相手　自分のため 思いやり　ためならず　ためにするのではない	一　価値への方向付け（十分） ◎親切にするとどんなよいことがあるでしょう。 ・相手が助かる・喜ぶ ・まわりの人が助かる ・自分がうれしい 二　資料範読（五分） 三　中心発問（十五分） ◎わたしたちはおばあさんに親切にして本当によかったと思っているでしょうか。 ・おばあさんが感謝しているのでよかった。 ・男の子が迷子にならなかったのでよかった。 ・お店の人も分かってくれたのでよかった。 ・みんなの前でほめられてうれしかった。 四　価値の自覚（十分） ◎親切にするときに大切なことはどんなことでしょう。 ・相手のことを考える。 ・自信をもって行う。 五　終末（五分） ○「情けは人のためならず」という言葉があります。 ・説明をする。 ○今日の学習で分かったことを書きましょう。

では、実際に授業案作成をどのように行うのか「くずれ落ちた段ボール箱」（文部科学省資料）を例に提示する。

（1）中心資料を使って展開部分をつくる

展開の前段部分は、資料を通して、本日学習する内容をしっかりとらえる段階である。

この資料を使って児童に考えさせたいことは、親切にするときは「相手の立場に立つ」ことが大切であり、「だれに対しても」親切にすることでお互いが気持ちよくなるということである。

そこで、「主人公たちは、おばあさんに親切にして本当によかったと思っているのか。」ということを切り口にしようと考えた。このように問うことによって、児童は一つ一つのことを考えるのではなく、おばあさんの感謝、男の子のこと、お店の人の誤解、親切に対する承認など、この資料全体から親切について考えることができる。そうすると板書の中央部分ができあがる。親切にするということは、相手のことを考えて行うこと、決してその見返りを求めるものではないこと、そして、親切にした側もされた側も、周りの人々までもいい気持ちになることがまとめられる。

（2）展開後段を考える

展開の後段は、前段で把握した道徳的価値を自分自身のものとして内面化する段階である。

今回は、中心資料を基に考えたことから親切にするときに大切なことをまとめ、価値の自覚を図る。

（3）導入をつくる

導入は、資料へ円滑につなぐ役割や学習内容である価値への方向付けなどが主な役割である。

展開部分ができあがれば、それにつながる導入を考える。今回は、展開後段で親切にするときに大切なのは何かを問うので、資料への導入と価値への方向づけを図るため、親切にするとどんなよいことがあるのかを問うことにした。

（4）終末

　児童の意欲を高めたり、本時の学習内容をより印象づけたりすることが終末の主な役割である。
　今回は、慣用句を用いることで、思いやりというのは相手のためだけではなく、自分自身のために行うのだ、ということを印象づけようと考えた。

　このようにして、1時間の道徳授業の指導案を構築するのである。

〈板書のバリエーション〉

　板書をどのように構築するかについては、様々な形が考えられるが、ここでは「比較」を例に挙げる。

```
なかよくするときに　たいせつなこと
　きまりをまもる
　いやがることをしない
　うそをつかない

◎ひととなかよくするときに
　たいせつなことはどんなこと
　でしょう。

ちくちくことば
　いやなきもちになる
　かなしくなる

ふわふわことば
　ありがとう
　いっしょにあそぼう
　じょうずだね
　すごいね
　よかったね
　　　←
　うれしい
　たのしい
　あかるい

◎なかよくするときに　たいせつなこと
　ふわふわことばをつかおう
```

板書例

　上記板書図案は、「ふわふわことば」と「ちくちくことば」を比較することで「ふわふわことば」のよさをより強調しようとしたものである。
　また、下記の板書は、資料の時系列に沿って板書を構成し、主人公が親切について気づいたことから見守ることもまた親切であることを理解し、お互いの心がつながったという流れを大切にしたものである。

```
親切とは              見守ることにしたわけ      ぼくがきづいたこと              ◎親切にするときに大切なことはどんなこ   親切とは
 相手のことをよく考えてすること   おばあさんの役に立ちたいから    おばあさんはがんばっていたんだ      とでしょう。              やさしくする
心と心のあく手           何かあったら助けにいけるから    おせっかいだったんだ                             こまっているひとをたすける
 心と心がつながった        おばあさんをおうえんしたい    おばあさんのためになっていなかった
 おたがいの心があたたかくなった
```

板書例

　できあがった板書はその授業の記録ともなる。資料や内容項目によって、時系列にしたり、比較したり、構造的に板書することで、児童の思考の流れをスムーズにし、より深い理解へと進めていきたい。

5．授業評価の方法を明らかにする

　授業評価を行う場合、通常、授業のねらいがどの程度達成できたかによって評価する。しかし、これまでの道徳の授業では、その授業評価を正しく行わなかったことが多いのではないかと考える。以下にその理由を述べ、道徳におけるより望ましい評価についての一方策を提案したい。

（1）道徳授業評価の問題点

　以下の観点から授業のねらいの書き方の問題点を述べる。

> 　だれに対しても思いやりの心をもち、相手の立場に立って親切にしようとする心情を育てる。　　　　　　　　高学年２−（２）思いやり親切

　上記例は、指導案でよく見るねらいである。つまり、指導要領の当該内容項目に心情、判断力、態度、意欲などをつけ加えたものである。

ア　指導要領の目標や内容に沿ったものであるか

　内容項目そのものであるので、指導要領に沿ったものであることは間違いない。しかし、あまりにも大きな内容で、具体性に欠ける。本時のねらいとするには、どこに重点を置くのか、例えば、「だれに対しても」というのは何を指しているのか「相手の立場に立つ」とはどういうことなのかということの具体性が必要である。

イ　1時間で達成可能か

　心情や判断力、態度などが1時間の授業で育つものか、これは、1年間の道徳教育の内容、ねらいなのではないか。それを1時間のねらいとするところに問題がある。

ウ　児童の実態に沿っているか

　現在の児童の状況からこの内容項目の中で、さらに考えさせたいことを明らかにすることによって、ねらいを絞ると、評価の対象が明確になる。
　この形では児童の実態が見えにくい。

（2）道徳授業のねらいの書き方

　以上の考察をもとに次のような点に気をつけて、ねらいを定めてみる。「くずれ落ちた段ボール箱」（文部科学省資料）を例に述べる。

ア　児童の価値観に新たな気づきを与え、自分を振り返らせる

　親切にすることが大切なのはわかっているが、知らない人には恥ずかしいし、勇気を出して行ってもうまくいかなかったらいやだなど、児童が親切にできない阻害要因が考えられる。しかし、本当に相手の立場に立って親切にすれば、自分や相手ばかりでなく、周りの人々まで温かい心にしていくことがわかるとどうだろう。親切にするとはどのようなことなのかわかるだろう。

イ　児童の言葉で評価する

　例えば、その時間にわかったことを書かせる。児童の発言からひろってもよい。言語化できて初めて理解できることになる。その際、自分の経験に絡めて発言したり書いたりすることができればさらによいと考える。

　以上のことから、次のようなねらいはどうか。

> 　だれに対しても思いやりの心をもち、相手の立場に立って親切にしようとする心情を育てる。
> 　親切にするときは、相手の立場に立って考えることが大切であり、相手も自分も気持ちよくなることがわかる。

　このねらいの後半は、知見に特化したものである。目に見えないものは評価しにくいが、知識ならば子どもたちがどこまで理解できたか評価できるはずである。ねらいが変わると授業が変わる。それは、子どもたちに何を考えさせ、何を理解させるかがはっきりするからである。そのためには、資料の読み取りをきちんとすることが大切。そうすれば、今までのような国語の読み取りの授業との違いがどこにあるのかというような中心発問は自ずからなくなっていくはずである。主人公の気持ちに共感させただけでは、道徳的心情は育たない。そうすることで、よりよい自分になれる、みんなが豊かになると納得して初めて、そうしてみようという心情面が育つと考える。つまり、道徳的価値の知的な理解が、道徳的行為への原動力となるのである。

　以上のようにねらいを定め、授業終末で児童にその日の授業でわかったことを書かせると、内容が児童にどのぐらい理解されたのかを把握することができる。また、板書案と実際の板書を比較することで、授業の全体の流れ、児童の反応などを反省することができる。これらのことを踏まえて授業全体を評価し、それを基に次の授業を構成していくことが大切なのである。

　私は、以上のような流れによって、道徳授業を構成してきた。
　実際、授業計画通りに進む授業はない。しかし、授業計画を組み、児童と共に作り上げた授業は、たとえ、指導案通りではなくとも児童の心にしっかりと根ざした授業になることが多い。
　教師は、指導案と実際の授業のずれがどこから起きたのかを確認しなければならない。
①内容項目の理解が甘かったのか

②児童の実態をつかむことができていなかったのか
③資料が読めていなかったのか
④授業構成に問題があったのか

　以上を検証して、次の授業に臨む。この繰り返しこそが授業上達の道である。
　そして、人の授業を見ることも必要であるが、自分の授業を公開し、他の先生方の意見を聞くことが、授業力をつけるには不可欠なのである。

〈参考文献〉
　文部科学省『小学校学習指導要領解説　道徳編』

くずれ落ちた段ボール箱

　冬休みに入り、久しぶりにわたしは、友子さんと街に買い物に出かけた。街は、さい末大売り出しで混雑していた。ショッピングセンターの表のちゅう車場付近は特に混雑していたので、裏側の自転車置き場のわきの入口から、入って行った。せまい通路には、さい末大売り出しのため、段ボール箱が山のように積んであった。
「ずい分混雑しているわね。友ちゃんとはなればなれになりそうね。」
そんな会話をしながら、足ばやにせまい通路を通って行った。
　ちょうどそのとき、わたしと友子さんの前を五才ぐらいの男の子をつれたおばあさんが、こしを曲げながら歩いていた。男の子はうれしそうにはしゃぎまわり、積んであった段ボール箱に手をふれながら歩いていた。
「あっ。」
そのしゅん間、高く積んであった段ボール箱がばらばらと通路にくずれ落ちて来た。幸いだれにもぶつからなかったが、それでなくてもせまい通路が、くずれ落ちた段ボール箱がちらばって通りにくくなってしまった。男の子は、いっこうに気にする様子もなく、
「おばあちゃん、はやく向こうのおもちゃ売り場に行こうよ。レーシングカーを買ってよ。」
と言って、乱暴におばあさんの手を引いた。おばあさんは、男の子をなだめながら落ちた段ボール箱を整理し始めたが、男の子は言うことを聞かずにおもちゃ売り場の方へどんどん歩いて行ってしまった。まわりには買い物客が見ていたが、だれも手伝おうとはしなかった。
　わたしと友子さんも少しの間ながめていたが、おばあさんの困っている様子を見ていると、何だかそのままにはしていられないような気がして段ボール箱の整理をし始めた。おばあさんは、男の子がどんどん先に行ってしまうのが気になって、何度もまわりを見まわしていた。
「おばあさん、わたしたちが整理しますから、おもちゃ売り場に行ってあげてください。」
「こんなに混雑していては、まい子になってしまいますよ。」
「すまないわね。それではお願いします。」
おばあさんは、ていねいに頭を下げてお礼を言うと、おもちゃ売り場の方へ急いで行った。わたしと友子さんは、落ちた段ボール箱を一つ一つていねいに積み上げていった。
（おばあさんはあの小さな男の子に追いついたかしら。）（あの子はまい子にならなかったかしら。）そんなことを考えながら、一生けん命整理していた。
　そのとき、店員がやって来た。
「困った子たちね。きのうもここで遊んでいて品物を落としたでしょう。ここは遊び場ではありませんよ。」
　わたしと友子さんはびっくりした。はじめは何のことかさっぱり分からず、おこった店員の顔を見つめていた。
（いったい何のことなのかしら。）（わたしたちは何も悪いことはしていないわ。）
　まわりの人たちがたくさん見ていたので、一しゅん顔がほてってしまった。
　わたしは、悪いことはしていないと自分に言い聞かせるのだが言葉になって出て来なかった。むしゃくしゃしてやり切れなくなった。（こんなことならしてやらなければよかった。）と思いながら、店員といっしょに段ボール箱の整理をした。整理がすっかり終わると、店員はきびしい口調で、
「これからは、こんなところで遊ばないようにね。」

第2章　道徳授業づくり構想法

と言った。わけを説明しようと思ったけれど、むしゃくしゃしていたのとはずかしいのとで言葉にならなかった。
　店員が立ち去った直後、おばあさんが男の子を連れてもどって来た。
「先ほどはありがとうございました。この子がまい子になっては大変だと思って、すっかりたのんでしまいまして……。」
と、わたしと友子さんにていねいにお礼の言葉をくり返した。
「いいえ、いいんです。」
と言って、その場を立ち去った。
　エスカレーターに乗り、二階で冬休み作品展に出品する手芸の材料を買った。帰りももと来た通路を通って外に出た。何事もなかったようにきちんと積んである段ボール箱の間の通路は、さっきよりも広く思えた。

　それから二週間が過ぎた。三学期の始業式に、校長先生は、あいさつの後、ポケットから一通の手紙を取り出して、にこにこしながら話し始められた。
「この手紙は、近くのショッピングセンターから届いたものです。みなさんの中のだれかに当てた手紙なのですが、名前が分からないので、どうか探してわたしてくださいと、わたしにお願いの手紙がそえてありました。」
と、前置きをしてから読み始められた。それを聞いているうちに何だか心ぞうがどきどきしてきた。あの年末に出会った複雑な思いが頭の中にうかんで来た。わたしは、後ろにならんでいる友子さんの顔を見た。友子さんもしぶい顔で私を見返した。

　　先日、段ボールを片付けてくださった二人の小学生の方へ
　　わたしはあのときお二人に苦情を申してしまった田口という者です。あのすぐ後で、おばあさんがおいでになり、あなた方が段ボールをくずしたのではないのに、おばあさんとお孫さんの代わりに、きちんと片づけてくださったことをうかがいました。
　　一言もわけを聞かないで苦情を申したことをおわびしたいのと、お二人の温かいお気持ちに心打たれたので、お手紙を書きました。ごめんなさいね。そして、本当にありがとうございました。
　　　　　　　　　　　　　　　　　　　　　　　　　Mショッピングセンター田口

「本校にこんな立派な人がいます。わたしは本当にうれしい。今年もよい一年の出発ができました。皆さんもがんばりましょう。」
と結ばれた。教室に入るとき、友子さんもうれしそうににっこりしていた。わたしの足どりは、リズムに乗って、いつもよりかろやかだった。
　　　　　　　　　　（高久幸次作　文部省『小学校 道徳の指導資料とその利用4』より）

第3章 児童の課題意識から創る道徳授業

広中忠昭

学校現場における道徳授業の実態を踏まえ、授業のねらいを明確にし、十分な資料分析を行うとともに、児童が主体的に判断できるために課題意識を大切にした授業づくりを行う。

1．道徳教育に対する学校現場の実感

　小学校長として学校経営に取り組む中で、最近強く実感する道徳的課題の一つに「決まりを守れない子が増えた」というものがある。これは、小学1年生からどの学年でも見られる傾向で、新たな学習指導要領の中でも「規範意識の向上」として指導の重点に挙げられている。道徳教育はもとより学校だけでできるものではない。しかし、現代は少子化とはいえ、厳しい社会状況の中で、子育てに十分な時間をかけられない一面もある。また、家庭や社会の教育力が低下し、子どもにルールを教えられなくなっていると指摘されている。

　こうした状況を打開するために、最近「だめなものはだめ」という毅然とした（生徒）指導が小学校現場でも求められるようになってきている。

　誰しも入門期の小学校時代に、子どもに望ましい生活習慣を身につけるのは大切であると考えるであろう。しかし、小学校では「子どもに寄り添う」という教育観がともすると、指導を曖昧にし、生徒指導面で十分な成果が上がらない背景となっているようにも思える。毅然とした指導はこうした現状への反省から出たものではないか。

　こうした動きがある一方で、ルール破りなどの行動を子ども達自身は「わかってしているのか」、それとも「気づかないでしているのか」という心の問題も考えなければならない。

　これは規範意識に限ったことではない。学級や学校では、毎日のように様々な道徳的問題が起こり解決に向けた生徒指導上の取り組みもされている。しかし、

第3章　児童の課題意識から創る道徳授業

肝心の子ども達はそうした問題を受け身でとらえている場合も多い。そこには、取り組みの不十分さ、子ども達の結びつきの弱さ等の問題があるかもしれないが、それらの道徳的問題が自分自身の課題として十分に自覚されていないのではないかと感じている。

これに対し、道徳の時間のねらいは道徳的価値の自覚を図り、道徳性を育成することにある。そのために教師は、適切な資料を用いて問題場面での道徳的課題を正しくつかませ、それを自分の事として考える授業づくりを行う必要がある。しかし、現在こうした授業がどれほど行われているだろうか。

2．多くの学校で行われている道徳授業の問題点とは何か

では、多くの学校で行われている道徳授業の問題点はどこにあるのだろう。文部科学省の行った調査では、学年が上がるにつれて道徳の授業に対する関心が低くなっている状況が報告されている。言い換えれば、高学年児童にとって「道徳授業はおもしろくない」ということである。

この点については、第1章で服部先生が詳しく述べられているが、簡単に結論を言うと、ねらいに迫り、児童・生徒に新たな学びが生まれるような授業ができていないということである。

例えば、今回の学習指導要領では、言語活動の充実が言われるようになった。文部科学省「言語活動の充実に関する指導事例集【小学校版】」の中で言語の役割を踏まえた言語活動の充実として、活動を（1）知的活動に関すること、（2）コミュニケーションや感性・情緒に関すること、の二つの領域に分けている。

道徳の授業では、（2）の活動が中心となり、「自分の思いや考えを伝えようとするとともに、相手の思いや考えを理解し尊重できるようにする。」や、「自分の思いや考えの違いを整理しつつ、相手の話を聞き、受け止めることができるようにする。」などの目標が示されている。

道徳授業の中心は話し合い活動であることから、これまでも「書く」活動、「話す」活動は大きく取り上げられてきた。学年が上がると内容も高度になり、課題に対して自分なりの考えを整理することも容易ではない。そこで、中心となる場面で自分の考えを書かせる時間を設け、その発表から話し合いに入るケースが多いように思う。最近では、小グループによる話し合いやコの字型の机配置など、

話し合う上での様々な工夫も見られるようになった。また、中学校を中心に葛藤資料を積極的に取り入れ、意見を交換し合う授業も増えているように思う。確かに言語活動を充実させることは大切である。しかし、道徳の授業に「書く活動」や「話す活動」を入れさえすればよいのだろうか。残念なことに、これらの活動が授業の目的のようになっているようなケースも多いように感じる。授業で一番大切なものは、ねらいである。この当たり前のことが道徳授業ではなぜかおろそかにされているように感じる。次の例を見てほしい。

●「1まいの銀貨」（学研　みんなのどうとく　4年）
　この資料は中学年で「家族愛」を扱ったものである。
　主人公ハンスは貧しい家庭に生まれた。父の少ない稼ぎで、家族3人がやっと暮らしている。ある日、ハンスは母親から大切な銀貨を持たされ、夕飯の買い物を頼まれる。頼まれたことを忘れないよう何度も繰り返し声に出しながら買い物に出かけたハンスだったが、大切なお金を落としてしまう。どんなに必死に探してもお金は出てこない。やがて、日が暮れて空には星まで出てきた。暗い道端でじっと考え込み泣き出すハンス。心配して出てきた母親はハンスの話を聞き、「心配いらないよ。」といって1まいの銀貨を渡す。ハンスは、ほっとして銀貨を握りしめ、再び元気にかけだしていくという資料である。
　この授業のねらいは、家族に対する敬愛の念を深め、家族に役立とうとする心情を育てることである。
　資料前半での発問は、「今、来た道を引き返しながら、ハンスはどんなことを考えていたでしょう。」あるいは、「銀貨をなくしてしまい、道端で泣き出したハンスは、どんな気持ちだったでしょう。」などが考えられる。しかし、二つの発問には時間的な差があり、悩みの深さも違っている。当然、後半の方が主人公ハンスの絶望感や、不安が大きくなっていることが想像できる。このように同じ話し合うにしても、資料の起承転結場面を整理し、よりねらいに迫ることができる場面での発問計画をたてることが求められるのである。
　また、中心場面は話を聞いた母親がハンスに1まいの銀貨を渡すところである。そこで、一般的な中心発問は、「母から1まいの銀貨を受け取ったとき、ハンスは、どんな気持ちだったでしょう。」となる。ハンスの喜びや母への感謝の気持ちはこれでも一応は理解できるだろう。しかし、この場面でのハンスは母親の行為の

意図に気づいているだろうか。資料には、母親が別の銀貨をハンスに渡したとは書いていない。だからこそ、補助発問として「心配いらないよ。」といって銀貨を渡した母親の気持ちを考える必要があるのである。ねらいとする家族愛、とりわけ家族に対する敬愛の念を理解するためには、この発問は外せない。いくら書くことや話すことに力を入れても、資料を分析し、どの場面で何について考えさせたいのかという授業者の意図がしっかりしていなければ、活動は絵に書いた餅になってしまうと言いたいのである。

3．課題場面での課題意識を高める授業

今述べたように、いかに言語活動を活発にしようとも、それだけで児童の道徳性を育成できるわけではない。道徳の時間のねらいは、道徳的価値の自覚を深めることであり、道徳性を育むことである。指導要領解説には、その際押さえておくべき三つの事柄として、①道徳的価値の理解、②道徳的価値が自分とのかかわりでとらえられること、③道徳的価値を自分なりに発展させていくことへの思いや課題が培われること、の三つを上げている。

つまり、道徳の時間の要件をかなえるには、まず道徳的価値の理解が欠かせないということである。そのために課題場面での課題意識を大切にし、道徳的価値の理解を深めた事例を紹介する。

● 「絵はがきと切手」（学研　みんなのどうとく　3年）

まず、ここで扱う内容項目2-(3)「友情」について発達段階に応じた内容を整理してみると、以下のようになっている。

　低学年：友達と仲良くし、助け合う
　中学年：友達と互いに理解し、信頼し、助け合う
　高学年：互いに信頼し、学びあって友情を深め、男女仲良く協力し助け合う
　中学校：信頼・友情、男女の敬愛

この内容項目のねらいは、低学年であれば仲良く助け合う行動を重視し、そのことを通して、不易としての友情の持つ良さ（仲良くするっていいなという気持ちよさ、温かさ）について低学年の子どもなりに感じ取らせるものである。

一方、中学年では互いに理解し、信頼することが加わっている。さらに高学年では「学びあいや男女の友情」に視点が広がっているのである。

本授業で子どもが「友達に料金不足を教える」と選択する理由としては、①教えなければ友達がまた同じ過ちを犯してしまうかもしれない、②教えなければ、誰かが、また迷惑する、③相手の間違いでお金を払わせられるのは困る、といったものが考えられる。ここで、本時のねらいに関連するのは①である。

　しかし、①を選択するだけでは不十分である。なぜ友達はこの定型外のはがきを送ってきたのかという手紙に寄せた肝心な友達の思いを無視して、この資料で友情という価値に迫ることはできない。転校先から自分に手紙を書いている友達の姿を思い浮かべ、嬉しさを感じるからこそ、主人公は相手の間違いを教えるべきかどうか迷うのである。相手の気持ちに水を差してしまわないか、今ここで間違いを教える方がよいのかと迷うのである。

　このように道徳授業では、まず、資料中に描かれた状況を丁寧に分析することが大切である。不十分な資料理解では、主人公の悩みに迫ることはできず、深くねらいには迫れない。その上で本実践では、課題場面で友情という「価値」の持つよさが視覚化できるようにし、個々の課題意識を高め、解決へつながるような展開を考えた。

板書「絵はがきと切手」

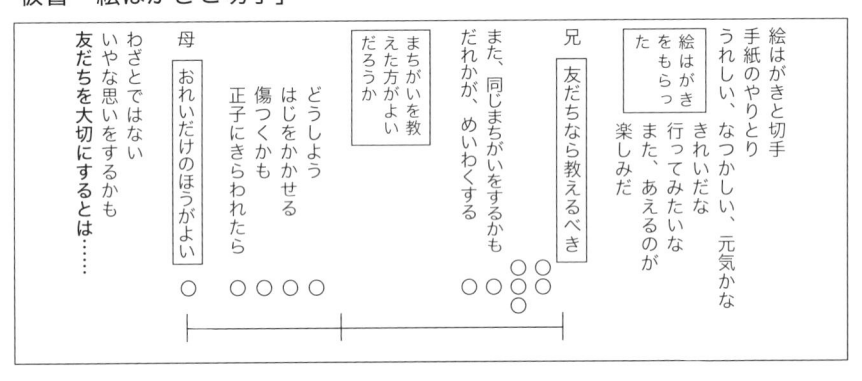

```
絵はがきと切手
手紙のやりとり
うれしい、なつかしい、元気かな

　┌─────────┐
　│絵はがきを　│
　│もらった    │
　│きれいだな  │
　│行ってみたい│
　│また、あえるのが│
　│楽しみだ    │
　└─────────┘

兄　┌─────────┐
　　│友だちなら教えるべき│
　　└─────────┘
また、同じまちがいをするかも
だれかが、めいわくする
　　　　　　　　　　○○
　　　　　　　　　　○○○

　┌─────────┐
　│まちがいを教えた方がよい│
　└─────────┘
どうしよう
はじをかかせる
傷つくかも
正子にきらわれたら
　　○　　○○○○

母　┌─────────┐
　　│おれいだけのほうがよい│
　　└─────────┘
わざとではない
いやな思いをするかも
友だちを大切にするとは……
```

　このように課題場面で各自に判断をさせ、自分の考えを数直線上に表し視覚化したのである。話し合いでは、それぞれの課題解決を大切にしながら、どちらを選択したかではなく、両者に共通する「相手を（大切に）思う気持ち」や、「相手を信頼する気持ち」が浮かび上がるようにした。その後「友達を大切にするとは」と問いかけたのである。

第3章　児童の課題意識から創る道徳授業

〈展開〉

	おもな学習活動	指導上の留意点
導入	1．友達に対する手紙に関する経験を紹介し合う。 ◎年賀状、暑中見舞い ◎誕生日のお祝いカード ◎転校した子への手紙など	○手紙をもらった時の気持ちや、出した時の気持ちなどを紹介し、手紙が友情を深める働きをしている点に着目させる。
展開	2．資料「絵はがきと切手」（最後の場面は個々に考えさせたいので提示しない。）を読み、ひろ子の気持ちを考える。 ①手紙をもらったひろ子の気持ちを考えよう。 ◎きれいなところだな。 ◎行ってみたいな。 ◎正子さんは、元気みたいでよかった。 ◎正子さんにまた会えるといいな。 ②ひろ子は、お兄ちゃんとお母さんの考えを聞いて、なぜ迷ってしまったのでしょう。 ◎友達なら、教えた方がよい。 ◎お礼だけを書いたほうがよい。 ③あなたなら、この場合、どうしますか？ ◎自分の考えを直線上に張り出し、話し合う。 ◎自分の判断の根拠を聞いている人にしっかり伝える。 ④嫌われたくないというのは、友達を思ってのことだろうか？ 3．この時間を振り返る。	○資料を読んだ後、この時間はどんなことについて考える時間か確かめる。（手紙のことという押さえではなく、手紙を通した友達との関係について考えるということ） ○手紙をもらった嬉しさや、相手のことを懐かしく思い浮かべるひろ子の気持ちを押さえる。（手紙を通した友達との心の交流） ○定型外のことにも触れ、正子の間違いを押さえる。（気づかずに出してしまったこと） ○二人の考えの違いを明確にし、判断材料を整理する。 ○（兄）教えてあげるのが友達。 ○（母）手紙をくれた相手の気持ちを考えると、言わない方がよい。 ○（私）相手が嫌な気持ちになったり嫌われたりしたらどうしよう。 ○「言う」「言わない」の二択ではなく直線上のどこに提示してもよいようにする。（迷いの程度） ○結論を出す話し合いではなく、相手の考えを聞き合う活動であることを伝える。 ○話し合いの中で出た意見を価値内容の視点で整理する。
終末	4．友達を大切にすることについて考える。	○相手の気持ちを考えることや、信頼し合うことが友情を深めることを押さえる。

一般的な道徳授業では資料中の主人公に共感させ、展開場面に合わせて気持ちを確かめ、ねらいに迫ることが多い。こうした展開は、ともすると子どもを受け身にし、浅い課題意識から浅い価値理解にとどまってしまうことも多い。
　続けて、課題場面での課題意識を高めるもう一つの事例を紹介したい。
●「ヒキガエルとロバ」（文部省道徳教育推進指導資料　中学年）
　授業のねらいは「命の大切さを感じ取り、身近な命あるものを大切にし、傷つけまいとする気持ちを育てること」である。
　この資料を使った実践では、導入段階で各自の命に対する感じ方を見つめ直し、命に対する課題意識を高めるように工夫した。

導入　次のものには命があると思いますか？
　　　①犬　②猫　③小鳥　④蟬の幼虫　⑤蝶の卵　⑥花の種

　この設問に対して、どの子も一応はどれも「ある」と答える。しかし、そこには命の重さに対する微妙な違いがある。「命は大切だ」ということは就学前の子どもでも知っている。知っていることをただ確かめるだけなら、道徳の時間は必要ない。この導入で、「ある」と答えた子ども達は、その一方で「でも、なんとなくみんな同じ（重さ）ようには思えないなあ」と感じる。
　この意識が大切である。資料中の子ども達は「ヒキガエルの命」を重いと感じていない。だから、あんなにひどいことができるのである。導入で「命の重さ」に対する課題意識を持たせることで、資料を使っていっそう深くねらいに迫ることが可能になる。資料中の子どもとロバは、「ヒキガエルの命」に対する受け止めが決定的に違う。授業を通して子どもがそのことに気づくことによって、自分自身の命のとらえ方を見つめ直し、「命を大切にする」ことの意味を、一人一人感じ取ることができるのである。
　二つの事例を通して、「課題場面での課題意識を大切にした道徳授業づくり」について述べてきた。私たちは「副読本」を使い、中心発問を設定して授業を行っていることが多い。しかし、それだけで十分ねらいに迫れるわけではない。
　資料の持つ「道徳的課題」が、子どもにとって「考えてみたい自分の課題」となることで一層道徳的価値の理解や、自覚を図ることができるのではないか。

4．道徳的価値と自分とのかかわりについて考える授業

　資料「ごはんは、わたしがつくる」は、東日本大震災で実際に起こったことを元につくられた学研の震災関連資料である。震災から二年以上たっても現地の復興は思うように進まず、放射能問題など今後も継続する課題も多い。

　しかし、一方で大震災直後の日本人の行動は人としての美しい生き方が海外から高く評価されただけでなく、私達に生き方を問い直す大きなきっかけを与えてくれた。「絆」や「感謝」、「家族愛」など、見直された価値観も多い。

　本資料は津波で大好きな母親を失った家族の話である。看護師として頑張る母は子どもにとって尊敬できる自慢の存在であった。しかし、彼女は津波から患者を救おうとして自らの命を落としてしまう。残された父、私、弟はその後様々な辛さを抱えながら、家族の絆を一層強いものにしていくという話である。

　本資料は、まだ震災地で扱うことは難しいかもしれないが、家族について深く考えることのできる資料であり、自分とのかかわりを意識した実践を行った。

ごはんは、わたしがつくる

「おねえちゃん、ママは天使になって天国にいるの？」
「そうよ、しんちゃん。ママはわたしたちのこと、天国からいつも見てるのよ。」
「ぼく、天国のママはいやだ！」
　こまった。わたしだって、ママはここにいてほしい。でも、仕方ないじゃない……。

　わたしのお母さんは、かんごしをしていた。病院の仕事はいつも大変そう。でも、お母さんが笑顔でお世話をすると、かん者さんも笑顔になった。お母さんは、わたしの自まんだった。
　あの日、三月十一日。信じられないくらい大きな地しんが、わたしたちの町をおそった。
　病院にいたお母さんたちは、大きなつなみが来る前に、必死になってかん者さんたちを高台にひなんさせようとした。一人ひとり、だきかかえて運んだらしい。それでも全員は助けられなかった。みんなつかれて、へとへとだった。
　そして、日がくれたころになって、お母さんがいないことにみんなは気がついた。

　次の日、お母さんは、がれきの中からい体で見つかった。
（お母さん、どうして。）
　わたしは、悲しい気持ちとくやしい気持ちがまじって、心の中でそうさけんだ。

　あの日から、お父さんは、お母さんの役目もしている。今日もなれない手つきでごはんをつくってくれている。
「しんじ、天国のママをこまらせるな。」
　二人の話を聞いていたお父さんは、手を止めて言った。
「パパはねるとき、毎ばんママに話しているんだ。おまえたちが今日一日、どうしていたか。パパがどれだけがんばったか。だから、ママは心配しなくていいよって……。」

> そういったとたん、お父さんは泣いた。
>
> 　わたしは、はっとした。泣いているお父さんを見るのは初めてだった。おそう式のときだって、お父さんはなみだを流していなかった。きっと、わたしたちのためにがまんしていたのだ。
> 「パパ、パパ、ごめんなさい。泣かないで。」
> 　しんちゃんは、お父さんのうでにつかまった。
> 　わたしは、体が小さくふるえた。
> 「お父さん、明日からごはんは、わたしがつくる。わたしも、お母さんの分までがんばって生きるわ。」
> 　ずっと言えなかったことが、やっと言えた。
>
> 　お父さんは顔を上げてなみだをふくと、大事そうに手紙を取り出して、わたしたちに見せた。
> 　それは、お母さんからの手紙だった。
> 「前にパパとママがけんかしたことがあってな。仲直りするときにママが書いてくれたものなんだ。ここには、『いつまでもしんちゃんとみゆきのやさしいパパでいてね。』って書いてある。この手紙はパパのお守りさ。」
> 　お父さんは少してれて、はずかしそうに言った。
> 　しんちゃんも、いつの間にか笑顔になって手紙をのぞきこんでいた。
> （お母さん、これからもずっと、わたしたちを見守っていてね。）
> 　心の中でそうつぶやいたら、体の中に力がわいてくる気がした。
> 　　　　　　　　　　（『みんなのどうとく』東日本大震災関連資料　学研教育みらい発行）

（１）資料分析

●母に対する主人公「私」の思い

ア．自慢の母……看護師として、多くの患者さんの世話をしている。
　　患者さんから慕われている。
　　「大変な仕事だけど、立派だ。」

イ．自己犠牲の母……患者さんを助けるために自分の命をなくしてしまった。
　　「何もそこまでしなくても……」「残された私達はどうなるの……」「こんな仕事しなければよかったのに……」

※自分の身を犠牲にしてまで、患者さんの命を救おうとした母に対して、尊敬と誇りの気持ちを持つ一方で、大好きな母を失った悲しさ、悔しさをどうすることもできない「私」がいることに気づかせる。

●父の思い

ア．残された子ども達を、母親の分までしっかりと育てなければならない。

イ．母親のいない子ども達に不自由な思いはさせたくない。

ウ．自分だけで本当に、子ども達を育てられるだろうか。（不安）

エ．本当は、妻を失って辛くて仕方がない。（本音）

● 「ごはんは、わたしがつくる」の言葉に込められた「私」の思い
ア．お母さんの分まで、私も（お父さんだけでなく）頑張るという気持ち。
イ．お父さんだって、がまんしている。自分は甘えるだけではだめ。自分にも自分の役割がある。できることがある。
ウ．自分にできるか自信がなかった。頑張る勇気が、足りなかった。
エ．これまでは、ただ悲しかった。頑張る気になれなかった。でも、お父さんのつらさやがんばりを知って、頑張る勇気が出た。

● 「私」の体の中から湧いてきた力のもとは？
ア．お母さんは、私達を見守ってくれているという実感
イ．「お守り」としてのお母さんの手紙（生きる勇気を与えてくれた）
ウ．家族に対する強い思い（私の大好きな家族）
エ．自慢のお母さんに頑張る自分を見てほしい（決意）
オ．これまでは、天使になったお母さんを受け入れられなかった。でも、お母さんの手紙によって、今は信じられる。（お母さんの心、やさしさ）

（2）道徳学習指導案

〈ねらい〉父の苦労や母の思いを知り、自分も家族の一人として頑張ろうとする主人公の姿から家族の素晴らしさを感じ取り、自分も家族と協力し合い楽しい家庭を作ろうとする気持ちを育てる。

〈内容項目〉中学年4－(3)（出典　学研「震災関連資料」より）

板書「ごはんは、わたしがつくる」

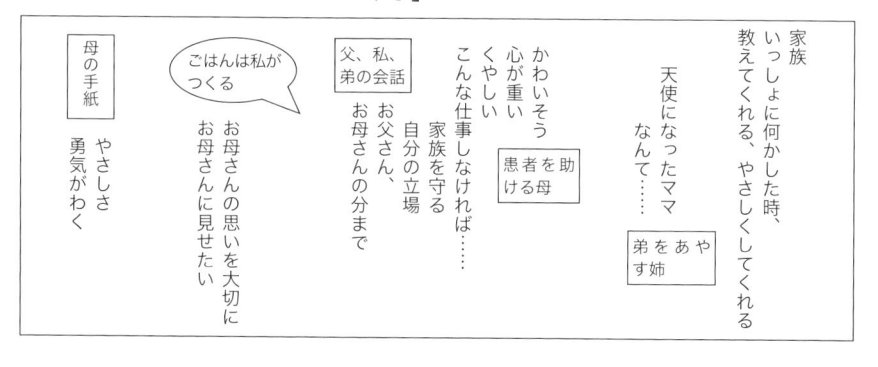

母の手紙	ごはんは私がつくる	父、私、弟の会話			
やさしさ 勇気がわく	お母さんの思いを大切に お母さんに見せたい	こんな仕事しなければ…… お父さん、お母さんの分まで 家族を守る 自分の立場	かわいそう 心が重い くやしい	天使になったママなんて…… 患者を助ける母 弟をあやす姉	家族 いっしょに何かした時、教えてくれる、やさしくしてくれる

〈展開〉

	発問と主な活動	児童の反応と指導上の留意点	備考
導入	1．家族って、いいなと思うときはどんなときか話し合う。	○風をひいて、看病してもらった ○勉強を教えてもらったとき （〜してくれる家族の姿）	心のノートの活用
展開	2．資料を読んで考える。 ①津波でお母さんを亡くしてしまった「私」のことを、皆さんは、どう思うでしょう。 （最初の課題意識）	○かわいそう。 ○このお母さんは患者さんを助けて立派だ。でも、そのために死んでしまったので、「私」は、とてもつらいと思う。 ○自分だって悲しいのに、弟のために我慢している。泣きたい気持ちだと思う。 ○もし私だったら、どうしていいか、わからなくなってしまう。 （各自の主観的とらえ）	病人を助けている絵
	②お父さんや「ごはんは、私がつくる」といった「私」をどう思いますか。 ③補助発問 ◎なぜ、家族のためにそこまで頑張ろうとするのでしょう。 （「家族」に対するとらえ方を深める。）	○家族のために自分にできることを頑張ろうとして、えらい。 ○みんな、辛いのに家族のために頑張ろうとしている。 ○お母さんの分まで、みんなで頑張ろうとしている。 ○死んでしまったお母さんに心配をかけたくないのだと思う。 ○お母さんは死んでしまったけれど、いまでもずっと、私達のことを見てくれていると感じたから。	お父さん、しんじ、私が描かれている絵
	④お母さんの手紙を読んだとき、どうして力がわいてくるように感じたのでしょう。	○お母さんの手紙は、お父さんの元気の素。私もその手紙から、元気をもらったから。 ○私には、お父さんとお母さんという素晴らしい家族がいると思ったから。 ○お母さんはずっと私達のことを思ってくれていたことがわかったから。	お母さんの手紙
終末	3．家族のためにしてみたくなったことを書く。	○お風呂掃除 ○食事の手伝い　など	心のノート活用

（3）授業のふりかえり

　切実な内容で、子ども達も気軽には発言できなかったが、そこに子どもなりの誠実さを感じた。本授業では、ずっと自分の立場で考えさせることにした。厳しい現実を受け止め、少しでも課題を自分に結び付けてほしいと考えたからである。そのためか、自慢の母親を失った「私」に対して、かわいそうと言うだけでなく、その心の潜む<u>不安な気持ち</u>にもよく気づいていた。

　また、ある児童の「くやしい」の発言を取り上げ、「なぜ、私のお母さんだけが……」という現実を、容易に受け入れることができない心情にも迫ることができた。

　本時の中心課題となる「なぜ、そこまで頑張ろうとするのか」に対しては、
- 不安（悲しい）だけど、お母さんの代わりになる。（悲しみをこらえて）
- （母さんは）偉いし勇気がある。私も家族を助けたい。
- お父さんだけに任せてはいけない。（頑張っているお父さんを助けたい。）
- <u>自分が「じまんのお母さん」のようになりたい気持ち。</u>
- お母さんに「いい子」にしていると伝えたい。
- 自分にできないことでもやろうとしている。
- お母さんがいつも私を支えてくれた。→自分にもできることはないか。

　など、非常に多様な気づきが起こった。授業では、発言で気になった点を確認したり、別の言い方で言い直してもらったりして、発言の深いところに迫ろうと心がけた。子どもたちは友達の意見や板書を参考にして、家族に対する気づきを深めていった。

（4）授業後の学び（ワークシートから）

- 家族に頼ってばかりではダメ。自分にできることはしよう。
- 自分も家族のために成長して、恩返しがしたい。
- 親にありがとうの気持ちを伝えたい。
- これからも家族を大切にし、大変なお母さんのため家事を手伝いたい。
- 家族の大切さをいつも以上に感じた。（今まで普通と思っていた。）
- 私も（親の）自慢の子どもになりたい。
- 家族は自分の支えだと思った。

4年生にとって、家族は当たり前の存在。いつもそばにいて、何でもしてくれる。しかし、この授業を通して単に道徳的価値の理解にとどまらず、多くの児童が自分とのかかわり（自分ごと）として親のありがたさに気づくと共に、「家族の一人としての自分」を自覚するようになった。また、けなげに生きようとする主人公から、自ら前向きに生きる力を学んだように思う。

　主人公の課題を自分に引き寄せ、自分とのかかわりを生み出すことによって、一層道徳的価値への理解が深まるのである。

5．道徳的価値を自分なりに発展させていくことへの思いが生まれる授業

　資料「心と心のあくしゅ」（学研）は、「思いやり・親切」を扱った優れた中学年の資料である。ここでは道徳的価値を自分なりに発展させていくことを意識した授業を行った。

(1) 資料分析

|前半|……足の不自由そうなおばあさんが荷物を持って大変そうにしていることに気づき、進んで親切にしようと思い、声をかけた。（行動する親切）

◎困っている人に温かい心を持つ。
◎相手の困っている状況に気づく。

〈子どもの共感〉

ア．大変そうなおばあさんに気づき、用があるのに、おばあさんを優先し、親切にしようとしたことはすごい。やさしい子だ。
イ．困っている人に親切にするのはいいことだ。（親切の定義）
ウ．せっかくの親切を断るのは残念。よいことをしようとしたのに……。
エ．おばあさんは足が不自由そうなのに、断るのはどうして。（疑問）

|後半|……おばあさんの足が病気で悪くなったことや、今歩きながら治そうとしていることを知り、自分に何ができるか考えて、見守ることを選択する。
　　　　（見守る親切）

◎病気克服に頑張っているおばあさんのことが、一層気になる。
◎本当のことを知り、「親切な声かけ」を断られ、少し腹立たしく感じていた自

分を恥ずかしく思う。
◎「手伝う」ではなく、「見守る」という新しい「親切」の姿に気づく。
ア．「見守る」ことも思いやりだなんて気づかなかった。
イ．自分は今まで困っている人を見たら「手伝う」ことが一番いいと思っていた。でも、場合によっては、それが「おせっかい」になってしまうこともあるのかな。
ウ．相手が何をしてほしいか考えて行動することが「思いやり」なのかな。

（２）板書計画と授業の構想（発問計画）

　本実践では、「行動する親切」と「見守る親切」との比較を通し、新たに親切の持つ「相手の状況を摑み、思いやりの心を持ち相手の立場に立って親切にすること」の大切さに気づかせ、自分なりに発展させていく思いを培いたいと考え、以下のように授業を構想した。

板書「心と心のあく手」　※ ぼ はぼく　お は、おばあさん

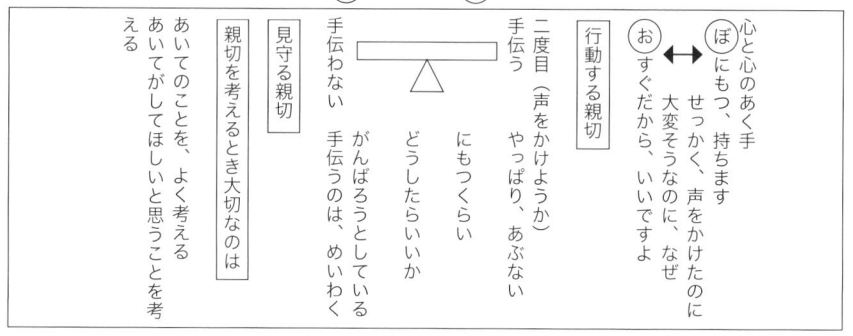

```
行動する親切
    ぼ ↔ お
心と心のあく手
ぼにもつ、持ちます
せっかく、声をかけたのに
おすぐだから、いいですよ
大変そうなのに、なぜ

二度目（声をかけようか）
手伝う
やっぱり、あぶない

手伝わない
にもつくらい
がんばろうとしている
手伝うのは、めいわく
どうしたらいいか

見守る親切

親切を考えるとき大切なのは
あいてのことを、よく考える
あいてがしてほしいと思うことを考える
```

課題発生（おばあさんはなぜ、ぼくの「親切な声かけ」を断ったのか？）
○最初の親切を断られたことに納得できない主人公に共感し、ふだん自分たちの考えている「親切」について、確かめる。（困っている人を見たら助ける。）
○二度目の出会いの場面で、主人公のとる行為を予想させる。この際、「自分だったらどうする」と問うことで、判断基準を含め、ねらいとする価値について、主体的に考えさせることもできる。

自分の考えを持ち、互いの考えを聞き合う活動
　葛藤場面で、心のシーソーや心のものさしを活用して視覚化する。

心と心のあく手　資料の構造図

（足が不自由そうな）おばあさん　　　　　　　　　　　　**ぼく**

㉙　歩くのが、たいへんそう。

思わず、「荷物、持ちます。」
◎重そうだな。
◎苦しそう。
でも、お母さんとの約束が……

| つまずいて、ころびそう |

ありがとうね。でも、
すぐだからいいですよ。

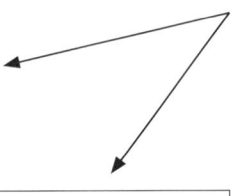

| 重そうな荷物を持ち大変そうなおばあさんに声をかける場面 |

せっかく、声をかけたのに……

母：いいことをしたね。
　　わかってくれるわ。

行動する親切
相手のことを思って、進んで親切にしたのに、残念。
※この段階でも中学年のねらいを達成しているように見える。

㉚　母の話
◎おばあさんは、病気で体が不自由。
◎歩く練習をして、治ってきた。

はっと、する。

| 数日後、また、おばあさんに出会う。ぼくは、どうしたらいいか考える。 |

それからずっと、おばあさんの事を考える。
おばあさんの後ろを歩いた。
（心の中で応援）
娘さんの姿が見えた。
「もう、だいじょうぶ。」

㉛　２度目の出会い

見守る親切
さっきの親切と、どこが違う？
◎相手の立場に立つ。
◎相手のことがさっきより気になる。

㉜　くるりと振り向き、ゆっくりおじぎをして言った。
「ありがとう、やさしい子だねえ。
　ずっと、見ていてくれたんだねえ。」
おばあさんは、にっこりしてうれしそう。

◎心がぱっと明るくなった。
◎心と心のあく手。
◎ぼくの心はぽかぽか温かった。

○資料の後半を読み、主人公のとった「見守る」という行為から、「親切」について、再度深く考える機会を設ける。

話し合う活動

○（②との比較）親切に「する」「しない」という行為の選択から、その裏にある心情に迫ることで、より高い「親切」について考える。

まとめ、発展させる活動

○「親切」について、新たにわかったことを整理し、自分のこれからに生かせるようにまとめる。（ワークシート）

　このように、資料中の道徳的課題について児童に引き寄せた上で、多様な考え方があることを知ることにより、一層自分なりの考えや判断が鮮明になる。そのことにより、道徳的価値に対する理解が深まる。道徳授業でこのような状況を生み出すことが、児童一人ひとりの道徳的自律への一歩となるのである。

6．おわりに

　本章では「児童の課題意識を大切にした道徳授業」について実践を通して述べてきた。しかし、章を終えるにあたって改めて振り返ると、資料を使って道徳的価値を理解させることの難しさを感じる。また、その理解が単なる知識で終わらないためには、課題が自分とのかかわりでとらえられる必要性についても再確認できた気がする。そもそも、道徳の時間が学習である以上、新しい学びがあるのは当然だし、子どもの課題意識と結びつかなければ身のあるものにならないこともわかり切ったことである。

　しかし、これまでこの当たり前の道徳授業がどのくらい全国で行われているのだろうと考える。私自身、若いころから様々な手法に取り組み、そのたびに何らかの成果を感じてきた。価値観の類型化に始まり、平成元年の基本的な指導過程、モラルジレンマ、役割演技、再現構成法、価値の明確化、構成的グループエンカウンター、モラルスキルトレーニングなど時々に話題になり、よいとされた方法を自分なりに理解し、授業を行ってきた。そして、それは今も続いている。自分はあまり形にとらわれない。良いものをその都度活用したいと思っている。

　だが、振り返ってみると最近ではこの章で述べたように、資料を分析し、ねらいとなる価値観に対する理解を深め、児童の課題意識と結びつくような授業づく

りをしていることが多い。それはなぜだろうか。

　この章のはじめに、規範意識を例に「児童の課題意識の低下」に触れた。道徳教育は全教育活動を通して行われるが、道徳的課題にきちんと向き合い、道徳的価値について真剣に考える時間が、今の子ども達には特に必要なように感じている。正しい課題の認識が正しい解決の糸口になる。「正しさ」は勿論一つではない。児童一人一人が自分なりに、よりよい生き方を目指してほしい。

　道徳の時間が、その生き方を支える大きな力となれるよう、今後も真剣に授業づくりに取り組んでいきたい。

〈参考文献〉
　文部科学省『言語活動の充実に関する指導事例集【小学校版】』教育出版、2013

第4章 資料から見た道徳授業

坂本哲彦

まず教師自身の迷いを取り除き、指導したくなるような内容の資料を選ぶことで、児童の反応や理解はまるで変わる。また、同じ資料でも取り扱い方で効果は大きく変化する。既存の副読本だけでなく、新資料を作成する能力を身に付けてほしい。

1．はじめに

　道徳授業がおもしろくないと感じる教員の理由には、1）資料をどのように読めばよいかわからない、2）資料を通じて、何をどう教えたらよいのかわからない、3）自分にとって魅力的な資料が少ないなどがある。確かに、資料のおもしろさや押さえどころがわからなければ、あるいは、魅力的な資料が少なければ、教員の実践意欲は低くなる。

　そこで、ここでは、1）に対応して、資料分析や提示の方法などを、2）に対応して、資料を踏まえたねらいの立て方と学習方法の工夫などを提案する。そのため、典型的な副読本資料を一つ取り上げ、教師、児童双方にとって楽しくやりがいのある授業にするためのポイントを端的に述べる。

　それでも、もっと魅力的な資料を見つけたい、また、身近な作品等を資料として使いという3）の願いに対応して、教材開発の方法と授業化についても引き続き提案した。

2．資料と道徳授業

　道徳授業は、資料の扱い方によって、よくもなるし悪くもなる。教師が資料をどう読み、どのように授業に生かせばよいのか、まずは、副読本に掲載されている典型的な読み物資料を取り上げ、その効果的な方法を提案する。

(1) 資料とは

①種類

　紙媒体に文字で表現されている文章を総称して読み物資料と言う。児童の生活を題材に書き下ろされたものを中心として、昔話や伝記、名著、詩、有名な人物の実話などがある。原作があるものは、短く要約されている場合が多い。

　なお、最近の副読本には、児童の興味・関心を高めるため、漫画や絵本、写真など文字言語以外も多く取り入れられている。

　また、ビデオやDVDなどによる映像資料も増えてきている。読み物資料を映像化したものの他、実際の出来事を取材したドキュメンタリー映像等もある。

②役割

　資料は、児童が学び合う上での共通の話題である。一人一人の生活経験や価値観が違うため、一つの資料の出来事をもとに話し合い、考えを深める。

　また、資料名は、例えば、「友達と互いに理解し合い、助け合う。中学年2－(3)『ないた赤おに』」のようにねらいと共に授業の主題を構成し、年間指導計画や指導案に位置付けられる。

(2) 資料の生かし方

①資料分析

　最も大切なのは、含まれる道徳的価値の検討である。資料の内容と児童の感じ方などを予想しながら、扱う道徳的価値、内容項目を決定する。

　次に、資料のストーリー展開や人物の行動を整理することが必要である。例えば、1）道徳的価値、内容項目を不十分にしか実現できていないのは、どの人物のどの場面におけるどのような行動か、2）その背景や理由は何か、3）その不十分さ（人間としての弱さ、もろさ等）は具体的にどう表現されているか、4）道徳的価値、内容項目を実現しているのは、どの人物のどの場面におけるどのような行動か、5）そのきっかけや理由は何か、6）そのよさ（人間としての強さ、気高さ等）は具体的にどのように表現されているか、7）1）と4）の人物の関係（同一人物か、違う人物か）、またその他の人物との関係はどうか、8）児童は、どの行動や出来事に関心をもち、どのように感じるか、9）児童が理解しづらい用語や事柄は何か、などである。

②資料の生かし方

　その上で、授業での基本的な活用方針を検討する。明確に分けられるわけではないが、資料の生かし方には幾つかの方法がある。例えば、1）資料の出来事や人物の行動を共感的、感動的、あるいは範例的に捉えさせ、そのよさに着目させる方法、2）反対に、資料の出来事や人物の行動を懐疑的、批判的に捉えさせ、その不十分さに着目させる方法、また、3）迷いや葛藤の場面を切実感をもって捉えさせ、行動選択の理由や心情に着目させる方法、4）資料に書かれている新たな知識やそれに対する気付き・感想に着目させる方法、5）資料から離れて、同じような出来事や児童の経験に着目させる方法などである。

(3) 資料提示の工夫

①最終的に行う資料の加工

　授業案作成の際に、資料の最終的な加工を行う場合がある。副読本をそのまま読むのか、一部強調したい部分を膨らませるのか、逆に、不必要な部分を削除するのか等である。

②提示までの工夫

　導入で、資料を一層身近に感じさせたり、資料への興味・関心を高めたり、資料に関する知識を与えたりする場合がある。一読で資料の内容を理解させることが難しい場合などに行う。

③提示方法

　提示は、一般に教師による読み（範読）によって行う。児童の代表が読んだり、黙読だけをさせたりすることは資料の理解などの観点から不適切である。担任やその他の人（他の教師や地域の方など）が事前に録音した音声を聞かせる場合もある。その他にも、大型絵本で提示したり絵本を拡大投影したり、紙芝居（場面絵）やペープサートとともに提示したりすると効果的な場合がある。

④一括提示・分割提示とその工夫

　資料は、一括提示が最も多い。その際、一読で理解させるため、拡大した場面絵や重要な言葉や文を書いた短冊黒板等を黒板に添付することが多い。

　二つや三つに分割して提示することもある。全体が長い場合、後半の場面展開に意外性を感じ取らせる場合、前半と後半を対照的に取り扱う場合など、ねらいを達成する上で有効だと考えられる時に行う。

3．副読本資料の授業化（「ないた赤おに」）

(1) 資料

①粗筋

人間と仲よく暮らしたい赤おには、人間を家に誘うも信用されない。それを見た青おには、「村で暴れる自分をおさえて頭をなぐれば、人間たちははじめて赤おにをほめる」と投げかける。青おににすまないと思いながらも赤おには、計画どおり青おにをぶち、人間を助けた。信用された赤おにには人間の友達ができ楽しい毎日を送るが、その後見かけない青おにのことが気になり、家を訪ねる。すると「自分が赤おにと仲よくすると、人間が赤おにを疑うとも限らないので長い旅に出る。」という張り紙があり、それを読んだ赤おには涙を流して泣く、という浜田広介の作品である。

②資料分析

中学年2-(3)「友達と互いに理解し、信頼し、助け合う」が主たる道徳的価値・内容項目である。

青おにの行動は、赤おにの気持ちを自分のことのように理解し信頼した上で、真に助けたいという強い願いに基づいている。「だめだい。しっかりぶつんだよ。」と真剣な演技を促す場面、「ケレドモ、ボクハ、イツマデモキミヲワスレマイ。……ドコマデモキミノ友ダチ」とある張り紙の言葉などに表れている。これらは、友達を助けるときの一つの真剣な行為であり、非常に尊く、児童は感動すら覚える。

一方で、青おにの大きな自己犠牲を伴う行動、また、青おにに悪いと思いながらも自分の弱さに負ける赤おにの行動が、「友達と互いに理解し、信頼し、助け合う」という観点から適切かどうか、疑問に感じるのも確かである。「シバラクキミニハオ目ニカカリマセン」と旅に出る青おに、また、最後に「戸に手をかけて、顔をおしつけ、しくしくとなみだを流して」泣く赤おにの心情に寄り添うとき、他の方法はなかったのかと考える児童も少なくない。

③資料の生かし方

青おにの行動のすばらしさに焦点を当て、共感的、感動的に扱い道徳的心情を高める授業、または、友達の自己犠牲に乗って自分が幸せになることに焦点を当て、批判的、懐疑的に扱い道徳的判断力を高める授業、の大きく二通りの生かし

第4章　資料から見た道徳授業

方が考えられる。前者は、概ね小学校低・中学年向き、後者は、小学校高学年以上に向いている。以下に2通りの授業例を述べる。

（2）授業例（3年生　共感的に読み、心情を養う場合）

①ねらい

　村で暴れ赤おににに殴られたり、黙って旅に出たりする青おにの気持ちを話し合うことを通して、友達を助けることのすばらしさ（尊さ）を感じ取り、互いに信頼し助け合おうとする心情を養う。

②ねらいについて

　ねらいは、資料の生かし方を踏まえ、四つの要素で書くと授業をイメージしやすい。

　一つ目は、「村で暴れ赤おににに殴られたり、黙って旅に出たりする青おにの気持ちを話し合うことを通して」のように主たる学習場面と活動を書く。青おにが赤おにを助けたいという思いは、この2箇所に表れている。この一つ目を、「自分を犠牲にしても赤おにを助けたいという青おにの強い思いを話し合うことを通して」のように、話し合う内容の方に着目して書くこともできる。

　二つ目は、「友達を助けることのすばらしさ（尊さ）を感じ取り」のように授業で児童に感じ取らせたい内容（感受事項）や気付かせたり深めさせたりする内容（認知事項）を書く。これは、授業で児童のどのような発言を引き出したり価値付けたりするのか、また、板書で何を強調するのかをはっきりさせることになり、授業評価を容易にする。また三つ目の「互いに信頼し助け合おうとする心情」の具体が「その行動のすばらしさ（尊さ）の感じ取り」にあることを示すのである。

　三つ目は、「互いに信頼し助け合う」のように、中学年2-(3)にある「友達と互いに理解し、信頼し、助け合う」の一部（場合によっては全部）を書く。このことで、内容項目の中で、焦点を当てる部分を明らかにするのである。

　四つ目は、文末で、心情、判断力、実践意欲と態度のどれを育むのかを書く。二つ目が、この一時間で必ず育む（感じ取らせたり、気付かせたり深めさせたりする）「達成的なねらい（達成目標）」であるのに対して、この四つ目は、繰り返し学習することで育む「成長的なねらい（成長目標、方向目標）」である。

③道徳的心情、道徳的判断力、道徳的実践意欲と態度

　心情を育む場合は、「この時、青おにはどんなことを考えているだろうか」のように、人物の心情を率直にまた多様に想像する活動を仕組み、互いに感じ合わせることが大切である。そうすることで、児童は自分の生活のよく似た体験や感情を思い起こし、資料を自分事として受け止め、友達の考えを踏まえながら、自ら善を志向し悪を憎むといった道徳的心情を深めるのである。

　判断力を育む場合は、判断の理由、根拠を明確にすることが大切である。「この時、赤おにはどうしたらよいだろうか。そして、その理由は何か」のように、判断の結果（選択、決定）とその理由を互いに知り合う活動を多く仕組み、検討することが大切である。似た考えを束ね、それぞれに小見出しを付けたり（ラベリング）、記号や番号を付したり（ナンバリング）して、「どの考えに納得するか」、「どれが最もふさわしい（よい）と考えるか」などと自分なりの考えをつくったり確かめたりする学習を取り入れることが効果的である。結果として、みんなが同じ選択や理由になる必要はない。学習を通して、当該道徳的価値観・内容項目に関する一人一人の考え方を深めることが、道徳的判断力を高める上で大切である。

　意欲や態度を扱う場合は、展開前半で、上記二つ（心情や判断力）のいずれかを育む学習を行った後、展開後半または終末で、「自分の生活を見つめ、これまでの自分、また、今後の自分の有り様、生き方をどうするか考えよう」のように、道徳的価値を自分に引きつけて捉え、生活する上での課題や心のめあてなどを明確にする学習を多くすることが大切である。「何のために、何をどのようにするのか」という具体的で行動的なめあてではなく、自分の弱さや幼さを踏まえた上で、夢やあこがれを膨らませ、自分の中に温めるのである。十分な言葉にならなくても、また、具体的な行動目標を伴わなくてもよい。

④学習過程

ア　導入　「ないた赤おに」について知っていることを発表する。（5分）

【発問】「ないた赤おに」というお話で知っていることを教えてください。

　　◎絵本で読んだことがあるよ。青おにが出てきて、助けてくれるんだ。
　　◎わざと青おにを殴らせて、赤おには人間と仲よくなるんだよね。

※導入には、概ね3通りある。一つ目は、ここにあるように、「資料への導入」である。資料に関する知識を与えるなどして、関心・意欲を高める。二つ目は、

第4章　資料から見た道徳授業

次の授業例で示す「友達を助けた経験がありますか。その時どんな気持ちがしましたか」ように、主題に関する自分の経験やそのときの心情などを取り上げるもので「信頼、助け合い」という「主題への導入」である。三つ目は、特に何もせず、すぐに資料提示に入る方法である。後の学習に時間がかかるときなどに多くなる導入方法である。

イ　展開1　「しっかりぶつんだよ。」という青おにの心情を話し合う。(15分)

※資料は、場面絵を添付しながら、教師がゆっくりと読み聞かせる。一括提示であるが、途中、繰り返したり、補足したりする。

【発問】「しっかりぶつんだよ。」と言ったとき青おにはどんなことを考えていたでしょうか。

　◎しっかりぶたないと赤おに君は、人間にほめてもらえないぞ。
　◎1回殴るくらいでは、自分を退治できないし、人間にばれてしまう。
　◎赤おに君が人間と仲よくなれるためなら、自分は痛くてもいいんだ。

※教師も青おにの心情に寄り添うようにして、「痛くても、それが赤おにを助けることになるんだね」、「青おに君はすごいなあ」と児童の発言を繰り返すなどして、共感的に受け止める。

ウ　展開2　張り紙を書き、旅に出た青おにの心情を話し合う。(15分)

【発問】張り紙に「お別れの言葉」を書き、旅に出た青おにはどんなことを考えていたでしょうか。

　◎せっかく痛い目にあって仲よくさせたのだから、これからもばれないようにしたい。赤おに君にはずっと人間と幸せに暮らしてほしい。
　◎旅に出れば、赤おに君と会うこともない。だから、疑われもしない。
　◎これからたとえ会えなくても、赤おに君とはずっと友達でいたい。
　◎いつかは、赤おに君とまた仲よく一緒に遊びたい。
　◎本当は、ここで暮らし、赤おに君とも仲よくしたい。

※プリントに書く活動を仕組み、全員が学習に参加できるようにする。

※展開1での青おにの思いが強く確かなものだということを一層感じ取らせるため、「村人の家で乱暴をするときの赤おにを思う気持ちと、旅に出たときの気持ちとは、どちらが大きいか」と比較したり、「ばれないようにしたいと願い、同時に旅に出ても友達であり続けたいと願う青おにの気持ちは本当に切ないね」と青おにの気持ちに寄り添ったり、「ここまでできる友達をもつ赤おには、

とても幸せだね」と教師から返したりして、青おにが赤おにを助ける行動のすばらしさ（強さ・尊さ）を強調する。
※展開1と2の児童の発言を左右あるいは上下に対照的に並べて書いたり、思いが大きくなっている様が読み取れるように、色や字の大きさで示したりして、「資料の世界」が板書にも表れるように工夫する。
ウ　終末　旅に出ている青おにに青おにのすばらしさを手紙で伝えよう。（10分）
【指示】旅に出た青おに君に、青おに君のすばらしさを伝える手紙を書こう。
※「自分がこれまで友達を助けた経験も教えてあげましょう」という条件を付け、児童自身が自己の振り返りもできるようにしてもよい。
※泣き崩れた赤おにになったつもりで書かせる方法も効果的である。

（3）授業例（6年生　批判的に読み、態度を養う場合）

①ねらい
　自分を犠牲にした青おにの行動や青おにの提案どおりにした赤おにの行動について話し合うことを通して、よりよい友達関係の在り方についての考えを深め、互いに信頼し助け合おうとする判断力を養う。

②学習過程
ア　導入　友達を助けた経験を発表する。（5分）
【発問】今までに友達を助けたことがある人は、どんなことをしたのか教えてください。
　◎友達が怪我をしてとても痛そうだったので、保健室に連れていったよ。
　◎図工の工作をしているとき、大変そうだったので、手伝ってあげたよ。
　◎ドッジボールでは、助け合って作戦を立てて相手を倒したよ。
※道徳的価値について関心を高める典型的な「主題への導入」である。
イ　展開1　「きみに対してすまないよ」という赤おにの心情を話し合う。（10分）
※資料提示は、場面絵を添付しながら、教師がゆっくりと読み聞かせる。
※「赤おには、今は少しもさびしいことはありません。」まで読み聞かせておいて、展開2で後半部分を読み聞かせる「二分割提示」も可能である。青おにの赤おにを思う気持ちの大きさを一層際立たせたい場合に行う。
【発問】「きみに対してすまないよ」と言ったとき赤おにはどんなことを考えていたでしょうか。

◎それでは、青おにに申し訳ない。とんでもないことだ。
　◎自分だけいい思いをすることになる。青おにに得なことはない。
※展開2の補助的な活動である。青おにの提案の不自然さを理解させ、それでも、赤おにがその誘いに乗ってしまう人としての弱さを感じ取らせる。
ウ　展開2　張り紙を読んで涙を流す赤おにの気持ちを話し合う。(25分)
【発問】戸に手をかけて、顔をおしつけしくしくとなみだを流して泣いている赤おにはどんなことを考えていたでしょうか。
　1）自分だけが幸せになって喜んでいたのがいけなかった。やはり、青おにには、とってもつらくさびしい思いをさせていたんだ。
　2）自分のために、旅に出させてしまった。本当にごめんなさい。
　3）ここまで、自分のことを思ってくれていたのか。ありがたいけど……。
　4）青おにの言うとおりにしてはいけないと分かっていながらしてしまった自分は弱い。情けない。後悔している。
　5）青おに君、帰ってきてくれ。自分には、人間よりも青おに君の方が大切だということに気が付いたよ。もっと早く気付けばよかった。
　6）このことを人間に正直に言った方がいいかもしれない。青おに君は本当は優しいということを。今からでも遅くない。
※ここでは、1）～4）にあるように青おにに対する謝罪や感謝、後悔の気持ち、5）のように赤おににとって青おにが本当の友達であって最も大切にしなければならない存在であるという気付き、そして、6）のようにこれからどうすればよいかという意見に分かれる。類別しながら、「どれに一番納得するか（なるほどなあ、と思うか)」等と投げかけ、挙手させるなどしながら、それぞれの心情のよさを強調しながら皆に広げる。
※通常「青おにがあんなことを言うのがいけないんだ。」「旅に出るのはやり過ぎだ。」という発言はないが、仮に出た場合は、「青おには、赤おにを悲しませようとしてやったのかな（赤おにのことを思ってやったんだよね）」などと切り返し、青おに批判にならないようにする。
※その後、「青おにの言うとおりにしてはいけなかった」や「これから人間に正直に言おう」などの発言をとらえて、次の発問を行う。
【発問】赤おには、どうすればよかったか、またこれからどうすればいいか。
　1）青おにの誘いに乗らなければよかった。自分のことだけ考えていた。弱い

自分に早く気付くべきだった。
2）はっきり、強く断らなければいけなかった。青おにのことをこそ考えなければいけなかった。
3）人間ではなく、青おにと仲よくすることが大切だった。自分が弱い。
4）本当の友達は青おにだと気付いた。早く気付けばよかった。
5）青おにに会ってしっかり謝りたい。ごめんなさいと伝える。
6）だから、青おにを探しに行きたい。どうすればいいだろうか。
7）芝居だったことを人間に言って、一緒に探してもらい、謝りたい。
8）人間とのつきあいをやめ、反省して静かに青おにの帰りを待ちたい。

※1）～4）のように誘われたときどうすればよかったかと、5）～8）のようにこれからどうすればよいかの二種類に分けて板書するとともに、理由も合わせて引き出し、それぞれの判断のよさやその具体を理解させる。

エ　終末　授業で考えたこと、学んだことを書き、教師の話を聞く。（5分）
※授業で深めた考えや学んだ内容をまとめることは、児童にとっても、また授業評価する教師にとっても大切である。
※教師の話では、まず、様々に判断し話し合えたことがこれからの友達関係をつくる上で価値あることだと認める。そして、友達関係は、どちらか一方だけがよい関係ではだめで、「自分にも相手にもよりよい関係が大切である」こと、そして、それを可能とするためには、「互いにしっかり話し合い理解し合ったり、時には相手の考えと違うことでも勇気をもって明確に伝えたりすることが必要である」ことを優しく話して聞かせる。

4．教材開発と授業化

　副読本以外にも、身近なところに魅力的な教材は多くある。どのように教材開発し、授業でどう資料として活用するのか、留意する点、行ってはならない点などを踏まえて、具体的な開発及び活用方法を提案する。

（1）教材

①題材、資料との違い
　身近な素材は、題材→教材→資料の順に具体化し、実際の授業に生かす。題材

とは、身の回りの事柄「ひと、もの、こと」（人物、事物、出来事）のことで、例えば、先人の伝記、民話、自然、伝統と文化、スポーツ、地域、歴史、風土、産業など「教材のもと」となるものである。児童が共通に体験する学校行事や家庭生活、情報モラル、法律、規則なども題材となる。

教材は、それらの題材の中から、教師や児童が感動を覚え、授業で使えそうなものを、一つのまとまりにしたものである。

資料は、授業での生かし方を十分考え、教材に一層具体的に手を加えたものである。資料は、同じ授業者でも学級や授業によりその都度変わる場合がある。

②教材の条件

教材には、授業で使用するため備えなければならない要件がある。例えば、学習指導要領解説　道徳編にあるように、人間尊重の精神にかなうもの、特定の価値観に偏しない中立的なもの、児童の興味や関心、発達の段階に応じたもの等である。そして、多様な価値観が引き出され深く考えさせられるとともに、ねらいを達成することができるようなものである。

それらを踏まえた上で、教材は、感性に訴え、感動を覚え、葛藤があることや、人間としての弱さ・もろさ、生や死の問題、生きる喜びや勇気、生き方の知恵などが描かれ、よりよく生きることの意味や日常生活・人間関係等の課題について深く考えることができるものがよい。

③収集の方法

教材収集に当たっては、日頃からアンテナを高くし、柔軟な発想をもち、身の回りから広く収集しようとする態度とセンスが大切である。

具体的には、図書館に足を運ぶことが有効である。図書館では、最近の話題の書籍から名著、地域に関する書籍まで、読み物に関するほぼ全てのジャンルからの収集が可能である。ティーンズコーナー、郷土コーナーなどの企画や新聞、雑誌なども豊富である。また、拡大絵本や紙芝居など書店では手に入りにくいものも少なくない。更に、映像や音声資料も備えている図書館もある。

なお、アニメや４コマ漫画、新聞の投書やコラム、雑誌の記事や広告、自治体等の広報誌、テレビ番組、映像、ネット情報なども有効であることから、家庭や職場も大切な収集場所である。

このようにして目にとまったものを、授業で使うであろう量よりも多めの量、まとまりで教材として収集しておく。

(2) 教材から資料へ

　資料化する際は、授業でどの部分をどのように使うか、提示の方法や考えさせたい場面、発問、児童の反応などを考えながら作成することが大切である。
　著者・作成者の意図・趣旨と異なる資料化、批判するだけのために用いることは控えるなど、事前に十分な検討が必要である。資料化の観点は次の点である。

①短くコンパクト

　まずは、原典が、短くコンパクトで、一読で理解が容易なものでなければならない。ゆっくり読んで10分以内である。事柄が複雑であったり内容理解が難しい場合は、資料として使用できない。それでも使いたいという場合は、授業を60分にして資料理解の時間を多く確保したり、朝の読書や家庭学習などで予め読ませたりするなどが必要となる。

②一部の切り取り、要約

　原典をそのまま使用したいが、長かったり内容理解が難しい場合は、一部を切り取る、要約する、易しく書き直すなどが必要となる。比較的よく行われる作業である。原典、著作者の意図に十分沿う態度が求められる。

③組み合わせ

　逆に短すぎて主たる資料としては生かせない場合もある。例えば、考える糸口としては使える、終末の教師の話に使うと印象的である、主な学習活動の時に補助的に提示すると効果的である等である。このように、限定的に生かす場合は、主に用いる資料との関連や児童の反応、ねらいの達成状況などを十分検討する。次から次へと多くの資料を提示することで、児童の思考が停滞したり一方的に引っ張られたりすることがないよう気を付ける。

④著作権、肖像権

　著作権法上、営利を目的としない教育機関の授業を担当する教員やその授業等を受ける児童が、既に公表された著作物を著作権者の利益を不当に害しないで、著作物の題名、著作者名などの「出所の明示」をした上で、授業に必要な部数コピーし使用することは、著作権者の了解なしにできるとされている。詳しくは、文化庁のWebにある「学校における教育活動と著作権」(文化庁長官官房著作権課作成)などを参考にするとよい。不明な点は、そのままにせず問い合わせをすることが必要である。

また、地域の人に取材をして自作資料を作る場合などに、当人の了解なしに画像等で人物の肖像を使用することはできない。できた資料を示し、趣旨や使用方法を十分に説明した上で了解を得ることが欠かせない。また、出来事や人物の名称、期日などを正確に表記するため、複数の資料で確認することや孫引きではなく原典にあたるなどが大切である。

なお、多数の教職員の研修会で使用する場合、Webに掲載する場合や書籍にして販売するなどの場合は、更に適切な手続きが必要となる。

5．教材開発した資料の授業化（「こだまでしょうか」）

(1) 資料

①作品（資料）

東日本大震災後、テレビコマーシャルとして放送され、多くの人の共感をよんだ金子みすゞの童謡である。

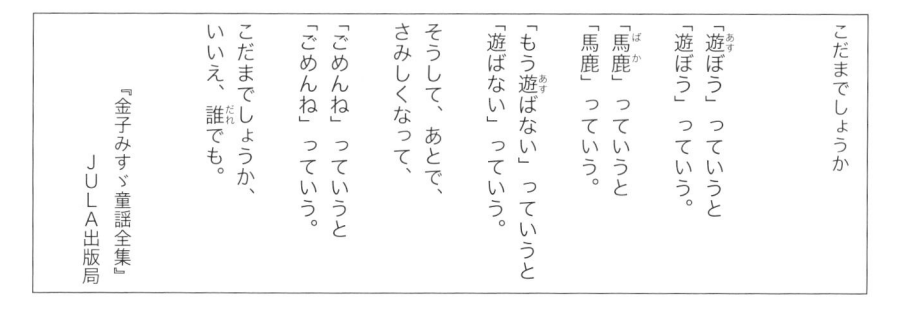

```
こだまでしょうか

「遊ぼう」っていうと
「遊ぼう」っていう。

「馬鹿」っていうと
「馬鹿」っていう。

「もう遊ばない」っていうと
「遊ばない」っていう。

そうして、あとで、
さみしくなって、

「ごめんね」っていうと
「ごめんね」っていう。

こだまでしょうか、
いいえ、誰でも。

『金子みすゞ童謡全集』
JULA出版局
```

②資料分析

金子みすゞの童謡は、「わたしと小鳥と鈴と」「大漁」等にも見られるように、作品後半で視点の転換があるのが特徴の一つである。この童謡は、温かい言葉で話しかければ相手も温かい言葉で、また、冷たい言葉で話しかければ相手も冷たい言葉で返してくるということを「こだま」にたとえ、友達とのつきあい方について考えさせている。言葉の繰り返しの楽しさ、「こだまでしょうか」の問いかけなどにより、小学校、中学校の全学年で活用が可能である。

③資料の生かし方

短いので、クラスを二つに分けたり、二人組になったりして繰り返し声に出し

て読む楽しさを味わわせる。その中で、低学年の児童は、きっと、こだまごっこ（言葉の繰り返しによる掛け合い）をしたいと感じるに違いない。そこで、同じような言葉の掛け合いを作りながら、言葉のもつ温かさや冷たさに目を向けさせ、みすゞの「いいえ、誰でも」の意味について考えさせる。

前出の「ないた赤おに」の実践例では、「場面発問（特定の場面の人物の心情や行動の理由）」を用いたが、ここでは、「主題発問（資料の主題・テーマ、読み手の資料全体の受け止め）」を使う。また、前出が、中学年の道徳的心情、高学年の道徳的判断力の育成であったので、ここでは、低学年の道徳的実践意欲や態度を育む事例にして紹介する。

（2）授業例（1年生　共感的に読み、意欲と態度を養う授業）

①ねらい

資料のよさを感じながらこだまごっこ（言葉の掛け合い）を楽しむ活動を通して、言葉のもつ温かさや冷たさが友達関係に与える影響について気付き、友達と仲よくし、助け合おうとする意欲と態度を養う。

②学習過程

ア　導入　こだまについて知る。（5分）

【発問】「こだま」とは何ですか。知っていることを教えてください。

　◎山の中で聞こえる声のことだ。

　◎山の中で大声で「ヤッホー」と言うと、向こうの山から同じように「ヤッホー」と言葉が返ってくること。

※こだまについて理解させるとともに、発言した児童と教師が試しにやってみるなどして、楽しい授業の雰囲気を作る。

イ　展開1　こだまの気持ちを話し合い、こだまごっこをする。（15分）

※二人組で、先に読む役（子どもの役）と後に読む役（こだまの役）に分かれて、役割読みをするなど、楽しさを感じ取らせながら資料提示をする。

【発問】なぜ、遊ぼうって言うと遊ぼうっていうのか、また、馬鹿って言うと馬鹿って言うのでしょう。

　◎遊ぼうって言われるとうれしいから、自然と遊ぼうって言い返す。

　◎馬鹿って言われると悲しいから、本当は遊びたくても、つい馬鹿って言い返してしまう。

第4章　資料から見た道徳授業

※どちらも遊びたいというやさしい気持ちがあることを全員で理解し合う。
【発問】二人組で、こだまごっこ(言葉の掛け合い)をつくってみましょう。
※初めに、児童と教師で2、3の例を示し、全員が活動できるようにする。
※活動後、発表させる時、教師が「□温かい言葉」と「■冷たい言葉」に分けながら、□をピンク、■を青のカードに書き、黒板に添付していく。
　□がんばれ！―がんばれ！　□ありがとう―ありがとう
　□こんにちは―こんにちは　□うれしいね―うれしいね
　■大きらい―大きらい　■つまらない―つまらない
　■いやだ―いやだ　■来ないで―来ないで
※相手へ質問するような発表（名前は？　名前は？）などは、別のグループにして板書に位置づけ、仲よくこだまごっこができたことをほめる。
【発問】□ピンクの言葉と■青の言葉に名前を付けましょう。
　◎ピンクは、言われてうれしい言葉、仲よくなる言葉、いい言葉。
　◎青は、意地悪な言葉、悲しくなる言葉、嫌な言葉、けんかになる言葉。
※例えば、□を「温かい言葉」（ほわっと言葉、ほわほわ言葉）、■を「冷たい言葉」（チクッと言葉、チクチク言葉など）として、命名する。
※同時に、言われてうれしくなるね、言われると涙が出そうになるね、などとそのときの心情を共有することが道徳の授業としては重要である。
ウ　展開2　みすゞさんの思いを話し合う。(15分)
【発問】最後にみすゞさんは、「こだまでしょうかいいえ、誰でも。」と言っています。「誰でもどうする」と言っているのでしょうか。
※低学年では難しい発問なので、「いいえ、誰でも○○○○」のように、誰でもに続く言葉を考えさせる。
　◎誰でも「こだまのように言う、答える。」
　◎誰でも「同じ言葉を繰り返す。」
　◎誰でも「こだまと同じだよ。」「こだまだけじゃないよ。」
※これは、補助的な発問なので、数人に発言させた後、教師からこだまだけじゃなく、人間だって、「遊ぼう」って言えば、「遊ぼう」って答えるし、「馬鹿」って言うと、「馬鹿」って答えるね、と確認する。
【発問】みすゞさんは、この童謡で何をみなさんに伝えたいのでしょうか。
　◎温かい言葉を使うと、みんな仲よくなれるよ。

◎みんなで温かい言葉を使おう！
　◎冷たい言葉を使うと相手もつい冷たい言葉を言ってけんかになる。
　◎冷たい言葉は使わないようにしよう！
※児童の気付きをしっかりほめ、「そんな人間になれたらいいね」「みなさんなら
　きっとなれるよ」「期待しているよ」などと話す。
エ　終末　自分が使いたい温かい言葉をプリントに書き、紹介し合う。（10分）
【発問】これから使っていきたい温かい言葉をプリントに書いてみましょう。そ
　　　　して、考えたことを書きましょう。また、後で紹介しましょう。
※言葉集めが目的ではない。温かい言葉を使う場面をイメージしたときに感じる
　ことを言語化することや、温かい言葉を使っていきたいという意欲や使えそう
　だという前向きな態度を価値付けることが大切である。

6．おわりに

　私は、副読本資料を中心に指導しながら、身近な題材から幅広く教材を求め、資料化して実践している。実際の授業で、児童の学びがねらいに沿ったものとなったときの喜びは大きく、一層の充実感、達成感を得ることができる。
　しかし、私が教材開発を行っているのは、副読本資料が不十分だと考えているからではない。副読本資料に迫るような教材開発、資料化を志向することで、副読本資料のよさが一層よく理解できるようになるからでもある。また、教材開発をすると、教師としての自覚や責任が一層強く感じられるという面もある。その意味では、多くの教員に自作の資料を作ったり、身近な題材を資料に仕立てたりする経験をたくさんしてほしいと考えている。

第5章 道徳教育を基軸とした学級経営

齋藤眞弓

道徳を授業としてだけでなく、そこでの実践を学級経営、生活指導にまでつなげる方法。「表現力を育てる」ためのベースとなる、「聞くこと」「話すこと」「書くこと」「読むこと」など「話し合いの力」をつけることを丁寧に取り組むことで、豊かな心を育んでいくための基礎力をつける。

1．1年間の出会いを生かす

　我々教師は、子どもたちの学校生活を、年度という in parts で担任しているが、子どもたちにとっての小学校生活は、義務教育9年間の in line なのである。天真爛漫に学校生活をスタートさせた子どもたちは、いつか人生についてのいろいろな問題に関心が高まり、人間としての在り方生き方を模索し始める時期を迎える。9年後には、子どもたちは、上級学校や実社会へと学びの場を伸長していく。

　子どもたちが学級担任に出会って過ごす1年間の中で、それまで持っていた力をどれだけ伸ばすことができるか、高めることができるかは、学級担任の指導力にかかっている。この指導力は、単に教科学習についての指導力にとどまっていてはいけない。学校生活の中で1日の大半を過ごす学級の中での級友同士や担任との関わりの中で、また、学級と他学級、他学年、地域や保護者との関わりまでも含めて、教育的効果をいかに高めていけるか、まさに道徳の「指導内容」にある全てを、学び合い高め合える場にできる、豊かな心を育てる指導力があるかを問われる1年間でもあるのである。

（1）道徳の時間の確保

　道徳教育は、この9年間の取り組みの中で、未来を拓く日本人を育成するため、その基盤としての道徳性を養うことを目標としている。道徳教育の要となる道徳の時間の9年間の総授業時数は、314時間である。それまで担任してきた先生方から、次の担任に子どもたちを委ねるまでの、自分が引き受けたin partsを子ど

もたちとしっかり向き合っていかなければと思える学級担任であれば、年間授業時数35時間（小学１年は34時間）の道徳の時間を１時間たりとも無駄にはできないのである。

　学級担任が、学級経営の中で、子どもたちの道徳性を培っていく場面は、多様にあるが、特に大切にしたいのは、道徳の時間の確保である。

　しかし、単に道徳の時間を確保するだけにとどまっていてはいけない。道徳授業の仕方が十分に理解できていなかったり、毎時間の授業がパターン化してつまらない、道徳的な指導は他の時間でもできるから取り立てて道徳の時間に道徳資料を使った話し合いの時間などは必要ない等と考えている学級担任は、ついつい道徳の時間を他の時間に振り替えてしまいがちである。また、時間割では道徳の時間、中身は別の内容の時間にしてしまうことも、最近は少なくなってきたが、それでもないとは言い切れない現実がある。

　学級担任は、道徳の時間の特質をしっかり押さえ、道徳の時間には、「道徳授業をする」ことを意識してしっかり取り組んでいきたいものである。

（２）教育活動全体を通じて

　一方、道徳の時間だけを熱心に行えば道徳性は養われるかというと、そうとも言い切れない。道徳教育の目標は、学校の教育活動全体を通じて、道徳的な心情、判断力、実践意欲と態度などの道徳性を養うことにある。学習指導要領にある道徳の「内容」は、道徳の時間のみのものではなく、教育活動全体でも各教科等の特質に応じて指導するものであることを示している。

　学級担任は、各教科、外国語活動、総合的な学習の時間、及び特別活動などの指導を通じて行う道徳教育にもしっかり取り組んでいかなければならない。

　そして、これらの教育活動の中で培われた道徳性を補充・深化・統合する時間として、道徳教育の要となる道徳の時間の指導もしっかり行うのである。

　この両方が年間を通して、互いを補完し合いながら機能したとき、道徳教育の内容が一層充実してくるのである。

（３）学級経営者としての構え

　子どもたちの道徳性を養う手立てを道徳の時間のみに頼らず、学校教育活動全体を見渡して、様々な場面において多様な投げかけができるのは、学級担任をお

いて他にない。どんな子どもに育って欲しいか、どんな子どもに育てたいか、教師の思いや願いをもって学級経営案を作成する。紙面上の目標や計画は整う。学級経営案というから、学級集団運営計画案とも言える。ここで、学級というひとくくりの集団、まとまりとだけ認識してしまうと、「全体をどうするか」という視点で子どもたちを見て対応しようとするようになる。ここで忘れてはならないのが、「集団」は「個」の集まりであり、「集団」を育てることは、「個」を育てずして成り立たないという視点である。

学級集団、学級構成員という両視点から、今、具体的に何をすればよいのか、その時々を瞬時に判断し、どんな投げかけをしていけばよいのか、学級担任の「感性」が大いに問われるものである。

義務教育9年間の1年間のin lineを担当した学級担任である。

この点をしっかり意識して子どもたちと向き合えば、その1年の間には、学級担任が想像もしなかったたくさんの感動やドラマが生まれてくるであろうと思われる。子どもたちとの出会いを生かし、創意工夫ある取り組みをしていきたいものである。

2．学級経営の中で何ができるか

道徳教育の要となる道徳の時間を1時間1時間丁寧に積み重ねていくことが第一に挙げられる。この道徳の時間にできる様々な工夫点については、以下に述べていきたい。

また、登校時から朝自習、朝の会、各教科の授業、休み時間、給食、掃除、放課後、下校時に至るまで、様々な学校教育活動全体の中で、学級担任の働きかけの工夫次第で、子どもたちの道徳性を刺激し、養える場面は数多くある。これらについても、事例を取り上げ、以下に述べていきたい。

学級担任として子どもたちを預かった1年間のうちに、どれだけ前向きに、どれだけしっかりと子どもたちと向き合って丁寧に道徳教育に取り組んでいくか、道徳の時間と学校教育活動全体を通じて行われる道徳教育の中での体験活動との効果的な関連を図ることを常に意識していくことが大切になってくる。

（１）どんな子どもに育てたいか１年間のテーマをもつ

　学級担任が子どもたちと出会ってまず第一に行うのは、児童の実態を把握するということである。前年度からの申し送りや書類に記載されている事項ばかりに目を向けて「こうだ」と決めつけてしまってはいけない。年度当初に学級経営目標を立てていくときには、実際に子どもたちと向き合い、一人一人の子どもをよく観察し、捉えた児童の実態から、この１年間を通して、どんな姿に育っていって欲しいか、学級担任としての思いや願いを込めて、学級経営目標を立てていくのである。

　しかし、これは知徳体に関しての教師が期待するイメージ的な児童像であることが多い。この児童像に向かって１年間取り組んでいく中で、特に何をテーマにして取り組んでいけば、子どもたち一人一人が生き生きと活動する姿を見せていくのか、実現可能な具体的な姿・態度を期待して、具体的な子どもの姿を描けるテーマを設けていきたい。

　学級を担任した子どもたちに対して、投げかけるテーマの文言は毎年違うが、学級担任としていつでも期待する共通の姿がある。それは、日常生活の中で出合う様々な場面で感じる心を育てること、「感性を磨く」姿、またその感じたことを多様な方法で伝え合える「豊かに表現する」姿である。

　これらの学級担任が期待する姿を、子どもたちが作る学級目標の文言の中に具体的に含んでいけるよう導いていく。学級会で話し合われた学級目標は、子どもたちが自身で目指す目標となって学級正面黒板上に掲げられる。掲示された学級目標は、１年を通して実現可能な目標として常に意識しながら過ごすことができる。

　そして、学級成員として今何ができるか、何をすべきかを考えて行動しようとする意欲が育ってくれば、たくさんの場面で、自分の考えを豊かに表現する力が育ち、また感性も磨かれていく。この繰り返しの中で、道徳的価値観に触れながら他者との関係を見つめたり、自己を見つめる場面が生じることも期待したい。

（２）道徳的実践力と道徳的実践の相互作用

　一人一人が生き生きと自分らしさを表現できるようになれば、語り合うことに楽しさを見いだし、またそれを聞く側も自分の考えとの相違点を見いだしながら、

第5章　道徳教育を基軸とした学級経営

自己の感じ方、考え方に深まりを持たせることができるようになり、子どもたちの道徳性は、高まっていくと考えられる。

　道徳の時間には、感じたり考えたりしたことを話し合いの中で互いに刺激し合いながら、自己を見つめさせ、道徳的価値の内面的な自覚を促していきたい。これらの道徳授業を通して子どもの内に芽生えた道徳的実践力は、日常生活の中で道徳的実践を促すようになる。

　わずかな実践でも、その成就感が実践力を一段高いものに引き上げ、視野の広がりを見せるようになる。道徳的実践の場が広がれば、道徳的実践力も高まり、充実した活動ができるようになり、より確かな道徳性を培っていくことができる。道徳的実践力の高まりと実践の場の広がりは、少しずつではあるが、丁寧な積み重ねによって確かな高まりと広がりを見せていくのである。

高まりと広がり

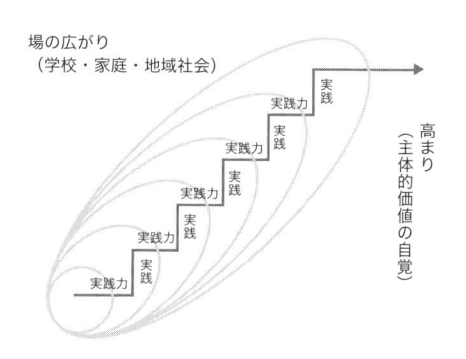

場の広がり
（学校・家庭・地域社会）

高まり
（主体的価値の自覚）

3．道徳の授業を魅力ある語り合いの場にする

　道徳教育を基軸として学級経営に取り組んでいった学級の5・6年生での事例をもとに、学級担任として何ができるかを提案していきたい。まずは、道徳授業そのものについての指導の工夫等にから述べていきたい。

（1）心に響く魅力的な資料の提示

　道徳の時間には、子ども同士が、自分の感じたこと、考えたことを自然体で語り合える場にしていきたい。友達の意見を素直に聞きながら、自分の考えと照らし合わせ、感じたことや考えたことを表出できる学級であって欲しい。

　そのためには、語り合いに耐え得る資料、心に響く資料を意識して取り上げていきたい。年間指導計画作成時にそれらの資料が位置づけられていればよい。

　一方、児童の実態を把握している担任は、その実態や年間を通したどの時期に、

どんな内容項目を取り上げていくのかの裁量や創意工夫はあってよいと考えている。子どもたちの心に響く魅力的な資料を選択し、多様な資料の開発と効果的な活用に努めることも大切になってくる。どのような視点から資料を選択し、実際の授業で取り上げるのが適切か、以下に六つの視点を例示してみる。

①児童にとっての身近な素材を取り上げる
　資料名：「マンガ家になろう」『道徳資料の参考　5年』手塚治虫随筆
　内容項目：個性の伸長
　子どもの時期に「なりたい職業」を思い描いた経験は誰もが持っている。身近に目にするキャラクターの多くを生み出したマンガ家の少年時代や青年時代の悩みは共感をもって読むことができる。偉大なる漫画家は、決して遠い存在ではない。この授業は、学級担任が、キャリア教育との関連を意識して取り上げていきたい。もうすぐ中学生になる6年生にとっては、上級学校進学は目的ではなく、夢の実現への通過点であるという押さえができる資料でもある。

②『心のノート』を取り上げる
　資料名：『心のノート』小学校5・6年（文部科学省）
　内容項目：個性の伸長
　せっかく無償で配布されたこの冊子を活用しなければもったいない。指導内容項目を絵的に見せていて、道徳的価値をイメージで捉える見開きのページが印象的である。ということは、道徳的価値が、そこに書かれた「ひと言」で子どもの心に長く印象づけられるという利点がある。焦点化された道徳的価値は、他の価値へぶれずに話し合うことができる。ここでの取り上げ方は、従来の道徳授業の基本パターンではなく、範例的な取り上げ方が効果的であると思われる。また、従来の読み物資料での「どんな気持ちでしたか」とは問えない資料に、教師と子ども、共に工夫しながら挑戦してみるのもおもしろい。

③自作資料を活用する
　資料名：「おばあちゃんの心」『6年生の道徳』（文溪堂）
　内容項目：家族愛
　自分の体験談を元に作成した読み物資料で、文章中には、家族愛に関するキーワードがそこかしこに潜んでいる。家族との関わりを自分中心に捉えがちな小学校高学年の時期の子どもたちに「家族の愛に気付かないでいると、後々までも心に引っかかりができてしまうよ。」と、ぜひ投げかけたい資料である。

この資料は、授業参観日に、保護者への公開授業として取り上げたい。

そして、ただ参観してもらうだけでなく、教師から「保護者への発問」も準備して授業に臨むと、普段の授業とは違った味わいのあるおもしろい授業展開が期待される。

④マンガ構成の資料を取り上げる

　資料名：「レジにて」『6年生の道徳』（文溪堂）

　内容項目：思いやり・親切

発達段階が高まっていくと「長文の読み物資料でなければ道徳資料としては扱えない」などと誰が言い出したのだろう。ねらいとする価値についてしっかり押さえがしてあれば、マンガ形態もおもしろい。

副読本には、一般に購読されているマンガ本の一部を切り取って資料化したものもあるが、それらの中には、たくさんの道徳的価値観がない交ぜになっていて、1時間の道徳授業で一つの内容項目について話し合うには無理がある場合もある。この資料は、ねらいとする価値について吟味し作成した資料であるので、児童に考えさせたい発問箇所が明確である。

親切にできる場面が、自分の生活の中にどれ程あるか、視野を広げた考える資料ともなる。

⑤ディスカッション資料を取り上げる

　資料名：「10円拾ったら」（想定問題として扱う）

　内容項目：公正

このディスカッションの形態での道徳授業は、国語科の単元でディスカッションについての学習した後に意図して設定する。国語科での学習を道徳の時間での話し合いを深めるための手立てとして生かすのである。

そして、この授業の後、ここでの話し合いの手法を発展させて、総合的な学習の時間の話し合いについても取り入れていく。国語科と総合的な学習の間にあってこその授業として、意識して取り上げる。

⑥金子みすゞの詩を取り上げる

　資料名：詩「石ころ」

　内容項目：公正公平

　資料名：詩「こころ」

　内容項目：家族愛

金子みすゞの詩には、わずか数行の詩であるが、その短い詩の中で前半と後半の視点が逆転し、はっとしたり、どきっとしたり、時には胸の詰まる思いを味わうことのある詩が多くある。このはっとする瞬間を捉えて話し合うのである。

　これらの詩を扱う場合には、手元に置いたプリントの詩の行間に詩の中の登場人物になったつもりで思っていることや感じていることを類推させて自由に書き込みができるようにする。教師の発問については、子どもが黒板に書いた詩の行間にチョークで書き込みをしながら答えていくようにする。

　わずか数行の詩のどの箇所を捉えて授業者が発問を投げかけるかがポイントとなるが、話し合いが深まれば、しっかりと自己を見つめるきっかけを得ることができる。

(2)「感じたこと考えたことノート」の活用

　裁断機でノートを2分の1の大きさに切ったものを各自に持たせている。課題について書く量は普段使っているノートの半分なので「これなら書けるかな」と思わせることができ、作文の苦手な子どもでも負担なく書くことができる。道徳の時間には、1時間の授業でわかったことや自身の感想などを書かせる。1時間の道徳授業を話し合いだけで終始するのではなく、立ち止まって振り返ったことを記録しておけば、時間が経過した後までもそのときに感じたこと、考えたこと等が記録され、各自好きなときに好きなだけ読み返すことができる。そこには、各時間ごとにねらいとする道徳的価値についての自分自身の価値観が無意識ながらも記されており、ノートを読み返す度に授業直後と時間が経過したその後との自分自身を比べ見つめ直すきっかけともなる。

　また、道徳の時間に活用することに加えて、新聞記事やテレビの話題、学級の中での問題点等、学校生活の中での様々な場面を取り上げ、子どもの心情をゆさぶっていく。回を重ねるごとにその内容は、深く厚みのあるものになっていくのである。

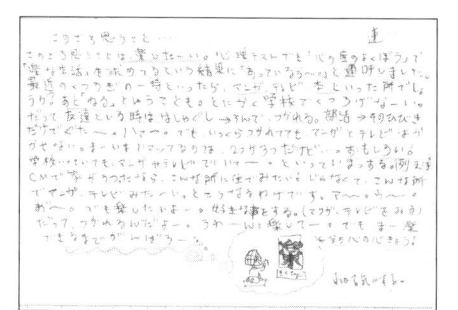

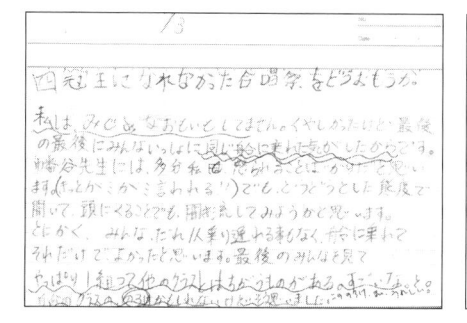

ノートに書き込んでいく課題は、道徳の時間にとどまらない。子どもの生活全般にわたって課題は広げていく。楽しいこと、うれしいこと、すてきなことにたくさん向き合わせることはもちろん大切なことだが、それらにのみ触れさせてばかりでは、心は片面しか育たない。時として、悲しいこと、つらいこと、悔いることとも、正面からしっかり向き合って、自己を見つめさせることも、豊かな心を育てていく上では大切なことであると考える。

（3）話し合いの形態を変化させる

　道徳の時間は、座学だが、いつも教師対全員の子どもという対面形式に限定してはいけない。では、グループ学習形態にするかといえば、これも1時間全てを通した形態としては馴染まない。そこで有効なのが「ハの字形態」である。「ハの字形態」は、すぐにでき、視野が広がるので互いの顔が見合える範囲が広がる。教室の中央部分から左の部分の列を斜め45度中央へ向けて、また中央部分から右の部分の列も斜め45度中央へ向けるだけである。このたった45度机を動かすだけ

で、話し合いの雰囲気は格段とよくなる。席は確定しているので、誰かと組まなければ成り立たないなどということもなく、定位置にいて、自分の感じたことや考えたことが安心して言えるよう周りの子どもたちとの関係づくりにも効果的である。

また、授業内容によって適宜学習形態を変化させていく判断は、教師の意欲と力量に頼るところが大きく、形態を変えるタイミングについては、普段の学習訓練を丁寧に積み重ねていれば自ずと会得していけるはずである。

（4）保護者を授業に取り込む

知徳体の発展的指導の過程を6年間の学習の中で学校がどのように取り組んでいるかを保護者に公開することは大切である。保護者が学校での子どもの様子を理解することは、学校教育活動への保護者の理解と協力を得るためにも積極的に取り組んでいきたいものである。

教科学習については、多くの担任が参観時の内容として取り上げている。

一方、道徳授業を公開する学級は今だに少ない現状がある。知徳体のバランスのよい成長を願うのは、保護者も学校も共にである。学級担任は、意識して道徳の授業公開にも進んで取り組んでいきたい。

せっかくの機会なので、授業参観では、後ろでただ参観するのではなく保護者にも授業に参加してもらうような投げかけの発問設定を準備しておくとよい。授業の中で親子で話題を共有し、道徳的価値観について考える時間を設けるのである。話し合いは、担任の導き方次第で大変盛り上がるものとなることを期待する。そのためには、事前に授業公開当日を想定し、どの場面でどのような発問を保護者に投げかけていくかを練っておくことが大切である。授業で扱う道徳の指導内容項目は、1の視点の基本的な生活習慣や節度、4の視点の家族愛などが適当と思われる。

道徳の授業参観のあった日の後に、家庭で、また参観しなかった家族にも話題を広げ団らんの時間を過ごしてもらえるよう学級通信などを活用して、そのときの様子を知らせることができればなお効果的であると考える。

（5）人材活用　外部講師と保護者　保護者とTT

地域の教育力を生かすことについては、ずっと言われ続けていることだが、実

際に地域の教育力を取り込んで学習展開する際には、多くの事務手続きが必要となることが多い。事前の連絡調整や講師派遣の書類作成や授業での動きについての確認や必要な教材の準備、当日の接待、授業後の礼状等々丁寧にしっかりと人材活用の移管を生かしたいと思うと、担任にかかる負担はかなりなものとなる。この面倒を避けると、人材活用の機会は減り、担任対児童の平坦な授業ばかりになってしまう。

しかし、この弊害を少なくし、多くの人材を活用できるよう様々な工夫に取り組んでいる学校も少なくはない。すでに人材活用をうまく展開している各学校のノウハウを自分の学校に合わせて生かしていけば大きな負担を感じることもなく有効な学習活動を展開することができると思われる。

4．学校教育活動全体を通じて多面的な投げかけをする

学級での活動（学校教育活動）全体からの視点は、指導の可能性を探しながら、様々な場面を生かして多面的な投げかけをすることである。その効果や改善など学級担任は道徳授業と関連づけながら、意識して取り組みたい。

(1) 教科学習の中で話し合いの基礎を鍛える

道徳の時間の話し合いを充実させたいと思うがなかなか話し合いが深まらないとき、どこに原因を求めているだろうか。資料の選定がよくなかったのではないか、発問箇所がずれていたのではないか、絵図の提示の仕方がまずくて子どもの思考を妨げているのではないか等々道徳の時間そのものについてばかりから問題点を探ろうとしていなかったか。もちろん道徳授業についての指導技術がその1時間を左右する大きな要因であることはその通りである。しかし、だからといってそちらにばかり目を向けていても、一向に改善できないこともあるのである。

それは、道徳の授業に限らず普段の授業への取り組み態度を担任がどう育てているかということである。この学習態度のしつけは、教室で1日を過ごす子どもたちにとっては、教科が変わろうが変わるまいが、いつも課題に向き合うときの意気込みや態度、学級の雰囲気としてよい方向へ定着させていかなければならない。

話し合いを充実させるためには、まず基本の態度を育て定着させることが大切

になってくる。「聞くこと」「話すこと」「書くこと」「読むこと」は充実した話し合いをさせるための第一歩である。普段の教科学習や学級活動の中で丁寧に「話し合いの力」を育てていけば、道徳の授業だからといってそのときだけ取り立てて指導する必要はない。

　話し合いの基礎の力が育っていれば、担任は道徳授業の中では、子どもの発言から子どもの考えを補ったり、深めたり、広げたりするきっかけとなる言葉を投げかけていけばよいのである。授業者に必要なのは、この時の瞬時の対応力なのである。普段から意識して、子どもの発言にどう切り返していけば効果的なのかを考えながら授業を進めるようにしていくとよいと考える。

（2）毎日の中で育てる基本的な生活習慣のしつけ

　健康安全、物・金銭の活用、整理整頓、節度などの基本的な生活習慣は、家庭での教育力に頼るところが大きいが、学校生活の中でも丁寧にしっかり指導していきたいことである。規則の尊重や公徳心などは、学校生活の中の様々な場面で毎日問われ続ける内容である。

　自己を律する力を身に付けていくためには、学校教育全体の中で、たくさんの具体的場面での直接指導も必要になることがある。心情に訴える指導や型から入った指導（きまりを守る等）も道徳的価値観を育てる上では必要であると考える。

　道徳の授業の中でわかったことと実際の生活の中で体験していることが重なり合わさる場面に自ら気づける力を育てていくことも大切である。

（3）行事を学級に取り込む

　子どもを行事の中に押し出すのではなく、行事を学級の中に取り込んでいく。例えば、陸上記録会では、学校の計画に合わせた練習に参加するだけでなく、種目の自主練習を学級成員全員で協力して行うための方法を話し合い実践したり、団結や応援の気持ちを表現する旗を作ったり、元気の出る合い言葉を考えたりする。話し合い活動ではたくさんの意見交換を行い、創意工夫を加えて制作活動を協力して行う中で、体験を通して感得する道徳的価値観もたくさんある。

　意図的計画的に組まれた学校行事に、更に学級としての関わり方を模索しながら、楽しい活動として多くの道徳的価値観に触れ、自己を高めていけると考える。

何ができるか、自分たちで実現可能な課題を見いだしていく力も育てていきたい。

（4）偶然を見逃さずに、瞬時に生かす

　1日の学校生活の様々な場面で、子どもたちをよく観察していれば、他の子にもぜひ広げていきたい姿や逆に反省を促したい姿などが見えてくるようになる。その姿に対して、個別に褒めたり注意を促したりすることはどの教師も実践していることである。これらをさりげなく広めることができるのは、子どもたちと多くの時間を共有することができる学級担任である。

　それらの子どもの姿を単にみんなの前で紹介するだけでは効果は少ない。例えば、以前に実践した道徳授業の一場面と重ねて語ったり、教科学習や行事の場面と重ねたり、故事成語、ことわざ、童話など多様な素材を重ねて全体に投げかけてみる。偶然や思いがけない出来事の中にも道徳的価値観を刺激する素材はたくさんある。それを見極め、瞬時に生かすためには、学級担任の感性もしっかり磨いておかなければならない。

（5）表現力を育てる取り組み

　子どもたちが語り合うことができるようになるためには、特に表現力の育成は欠かせないのであり、年間の大きなテーマとして意識して取り組んでいきたい。その取り組みには様々な方法が考えられるが、効果的に1年間の全教育活動を見通して取り組めるように実践してきた。下表は1年間を通しての計画だが、ポイントは、体験活動等で感じたことをそのまま自然に話し合いに繋ぐことである。そのことによって、クラス全体に自由で安心して話し合いができる雰囲気が醸成される。そして子どもたちがより自発的に表現意欲を高めていくことができるようになるのである。

（6）まとめ

　子どもたちが豊かな心を育んでいく過程において、学級担任の果たす役割は大きい。義務教育9年間の in line のうちのたった1年間 in parts を受け持ったならば、そこであずかる子どもたちの力を最大限に引き出せるよう努めていくのが学級担任としての責務であると考えている。そのためには学級担任自身も日々指導力を磨いていかなければならない。これまで述べてきたことが示すように、

道徳教育は子どもの成長においては大切な役割を果たすものであり、またその指導が充実すれば、必ず子どもの美しい姿となって如実に表れてくる。

　学級経営においては、学級担任は、この道徳教育（道徳授業を要とした学校教育全体で行われる道徳教育）のよさを積極的に取り入れ、個々の子どもの成長に合わせて学級集団の中で豊かな心を培っていくのである。「言うはやすし、行うは難し」であるが、丁寧な指導を心がけ真摯に子どもたちと向き合えば、学級担任も子どもたちも必ず得るものはある。日々の教室の中で、子どもたちの心と響き合うことが増え、折々に担任自身の心が豊かになっていくという喜びを感じるはずである。

　教師を長く続けていくと「先生のあの時の授業が忘れられない」と、成長して立派な大人となった当時の子どもたちから、そんな言葉をかけてもらえる喜びにも出合うことたびたびである。子どもたちの成長を喜ぶばかりでなく、自身の教師としての成長を感じ、味わうこともできると思われる。

　ここに挙げた学級経営の実践が、若い先生方のヒントとなり、それぞれの先生方が創意工夫を加えて、自分の学級での実践に活用していただけたら何よりの喜びである。

第5章　道徳教育を基軸とした学級経営

豊かな表現力を育てる　第5学年

月	4	5	6	7	8	9	10	11	12	1	2	3
授業の中で	・まず、相手の話をしっかり聞く ・指名されたら必ず何か答える ・自由発言形式を取り入れる					・発言の根拠を加えて述べる ・相手の意見を受けて自分の考えを述べる ・全体的な進行状況を見据えて発表する						
総合的な学習の時間	・イメージマップ作り ・校庭植物マップ作り		・飼育栽培に関する資料検索とその紹介 （蝶のにがし方、インコの育て方、オニヤンマに羽化させるためには、メダカの産卵、茄子・キュウリの栽培法 etc.） ・How to レポート作成（保護者の協力・梅干しの作り方） ・野菜パーティー計画の話し合いと実施（祖父母招待・昔の様子を聞く）				・生命を育む奮闘記その1』執筆 ・人はどれ程自然の恩恵を受けてきたか・歴史とその実態調査活動（NPO外部講師による講演を聞く） ・秋の木の実を味わう会			・生命を育む奮闘記その2』執筆 「生命を育む奮闘記その2」発表会（茶道、華道、書道、句会）	
学級活動の充実	・係り活動の中での自由な発想　創意工夫を大切にする ・話し合い活動では、相手の意見を尊重する態度を身に付ける ・自分の考えをしっかり述べることができる									・学校行事の中にクラスを押し込むのではなくクラスの中に学校行事を取り組む		
朝の読書	・様々な表現に出会う（朗読会、読み聞かせ、朗読会、紙芝居、図書紹介 etc.)											
帰りの会のよかった事探し	・クラスの1日の活動を振り返り、よかった出来事を発表し合う											
俳句作り	・1日を振り返り、印象に残った出来事について、毎日、俳句をつくる（本日のお題は「よかった探し」の中から） ・句会 （地元俳人の荒井栗山先生よりアドバイスいただく） ・作品応募									・句会 ・俳句集編集 ・作品応募		
『心のおと』	・学校生活での出来事、時事問題、道徳授業の感想等、広い視野から「感じたこと、考えたこと」を自由に述べる（ノートを裁断機で2分の1の大きさにしたもの）											
出会いを生かす	・手紙での交流（地下鉄トイレ清掃員真辺さん、金子みすゞCD制作協力者平岡さん、これから出会う人たち）											

発展編

第6章 役割演技で創る道徳授業

早川裕隆

道徳の時間に多用される役割演技の効用。話し合いだけでは得られない状況的理解によって、道徳的価値のよさを実感的に理解し、価値の自覚を深められるようにする。

1．はじめに

●道徳の時間に多く用いられる役割演技とその印象

道徳の授業方法として多く取り入れられている方法の一つとして、役割演技があげられる（例えば、東京学芸大学「総合的道徳教育プログラム」推進本部第1プロジェクト（2012）[1] 参照）。

しかし、筆者が道徳授業に関する講演等において、初めに参加者に役割演技の授業に関する印象を聞くと、そのよさだけでなく、役割演技による道徳授業の難しさや失敗について語られたり、否定的な意見が聞かれたりすることもある。

それらの内容は、次の2点に集約されると思われる。

① 児童が恥ずかしがって役割を演じられない（特に小学校高学年や中学校に多い）。
② 児童は活性化したが、茶番劇のような状態に終始し、何が理解できたのかが分からずに終わってしまった。教師も予測できない子どもの演技に振り回されて、混乱してしまった（特に、小学校低・中学年に多い）。

その結果、「役割演技には効果が無い」「劇遊びをすることに何の意味があるのか」と役割演技に否定的になったり、「どんな演技が出てくるのかが予想できないので、難しい」などの理由で、積極的な活用を敬遠したりする先生方もいる。

では、役割演技による道徳授業は本当に効果がないのであろうか。

2．役割演技のよさについて
（話し合いによる授業と役割演技による授業の違い）

　筆者は小学校の教員時代の道徳授業の他に、現職に就いてからは学生や大学院生を対象とし、模擬授業を行っている。以下、「手品師」（学研）[2]を資料とした話し合いによる授業と役割演技による授業の違いから、役割演技による授業の特性やよさについて考察していく。（指導案については、図を参照）

(1) 話し合いによる授業の様子（大学院の授業より）

①手品師の気持ち（夢の実現に向けて）

　授業では、中心発問の前までは、指導案（図）にあるように、手品師が貧しいながらも夢をかなえるために、一生懸命手品の練習に励んでいたことや、公園で出会った男の子と明日も必ず来ることを約束したときの気持ちなどを、共感的に理解した。

②手品師の気持ち（少年との約束か、夢の実現か）

　少年との約束を果たさずに今すぐに大劇場に向けて出発しないと、せっかくの出演がかなわないことを知った手品師の気持ちを聞くと、

A．男の子との約束を守って、大劇場には行かずに翌日公園に行く

B．今までの練習が無駄にならないように、大劇場に行く

に考えが二分された。Aの考えは、少年のことを考えると、少年との約束を果たすことが誠実な行動だといったものであった。一方、Bには、たとえ少年のためとはいえ、夢の実現とそれに伴う生活の安定のために一生懸命がんばってきたことを全て無駄にすることが、果たして、それまで夢の実現に向けて生きてきた自分に誠実な行為なのかといった考えがその根底にあることが明らかになった。

③納得のいかない様子

　この後の展開は資料の記述に沿う形で、手品師が友達からの申し出をきっぱりと断った理由や、少年のためだけに手品をしている手品師の気持ちを問うようにした。しかし、本時の内容である「誠実」にてらして「もやもやする」と、資料の話の展開に納得のいかない院生が少なくなかった。そこで、中心発問の場面から役割演技を取り入れた授業を行うことにした。

(2) 役割演技を取り入れた授業の様子

　少年との約束を守るために、大劇場の出演を断って少年のところに行くと発言した院生が、少年と約束をした日の翌日、約束通りに少年の所に行く場面を演じることにした。

授業の実際	監督としての教師の役割
①「おじさん、どうしたの？」 　手品師は、公園で手品師を待っていた少年に手品を披露する。しかし、何となく浮かない手品師の表情を少年が読み取り「おじさん、どうしたの？」と手品師は少年に聞かれてしまう。手品師は、何でもないと言ってその場はしのいだものの、最後まで寂しげな表情を隠すことはできず、何となく気まずい雰囲気の中で、無理矢理手品が続けられた。	演技の開始・中断。
②「少年といても楽しくない」 　演じられた後、観客から、「何となく手品師の笑顔が引きつっていた。」「大舞台を断ったことのショックの大きさが感じられた。」「手品師は、大劇場を断ったことが心残りだったために、少年との時間を楽しむことができなかったのではないか。」といった指摘が出された。 　手品師を演じた院生は、「はじめは少年のもとに行くことが誠実な態度であると思っていた。しかし、大人の立場で、もう二度と大劇場に立てるチャンスは来ないのだと思うと、暗い気持ちになってしまった。それを少年に悟られまいと思って、（入口から）公園に入るのに気合いを入れる必要があったほどだった。何	観客の感想を聞く。（演者が「どんなことを言っていたか」「どんな表情、仕草だったか」などを問う。 　演者は観客からの感想を聞きながら、演じた場面を客観的に振り返ることができる。）

とか手品を始めたが、『この手品も大劇場に出るために練習していたのだ』と思うと、少年のためとは分かっていても、気が重くなった。手品師を演じると、大劇場のチャンスをふいにするということは、思っていた以上に重いことだとわかった。もちろん、少年を憎むつもりなどないが、チャンスを棒にふって果たしてよかったのか。最後までその答えが見つけられずに過ごしていた。」と困惑の内容を語った。

　少年を演じた院生は、「おじさんが来てくれたことは素直に嬉しかった。しかし、おじさんの表情が何となく暗いし、自分が近づくと少し後ずさりするので、何かあったのかなと思って気になった。最後まで何があったのか分からなかったので心配で、無理をさせて困らせたのかなと思った。」と複雑な気持ちを抱き始めている様子を語った。

　そこで、「少年との約束も大事だが、大劇場に行かずに心残りなままなのは、自分にも少年にも誠実ではない気がする。」と発言した院生（男性）が手品師で、「手品師には約束をなかったことにしてほしくない。」と発言した院生（女性）が少年で、手品師が大劇場に出た後の場面を演じることにした。なお、演じられる前に、大劇場での演技が終了した後、アンコールに応えることなくそのまま汽車に飛び乗り、少年の元に駆けつけたいという手品師の意志が演者から確認されたので、約束をした翌々日に、公園にいる少年の元に駆けつける手品師と少年という場面設定を行った。

③「目を合わせてなんてやるもんか」
　手品師は、公園でひとりぽっちでいた少年の元に息を切らして駆け寄り大劇場に行ったことを何とか説明しようとするが、少年は下を向いたまま、手品師の話

演者と状況の確認をしながら、全体で場面設定を行う。

への反応はおろか、手品師と目を合わせることすらしなかった。

　演じ終わった後手品師を演じた院生は、思わず「きつい。」と口にした後、「何とか少年のことを大事に思っていたことを伝えたいのだが、伝わらなくて重い気持ちになって言葉が続かなくなった。」と感想を語った。

　一方、少年を演じた院生は、「おじさんが何か言っているのは分かったが、約束を守ってくれなかったのが悲しくて、『絶対目を合わせてなんかやるもんか』と思っていた。おじさんが何を言っても、聞こえなかった。」と、悲しみに起因する怒りを語った。

　ここで観客にも手品師を演じた演者にも、怒りまでに膨らんだ少年の悲しみをどうしたら癒やせるのか、どうしたら手品師の誠意が少年に伝わるのかが新たな課題として生じた。手品師を演じた院生が「大劇場でやった手品を、少年一人のために一生懸命披露したい。」と発言したため、再度、同じ場面を演じることにした。

④「君を大劇場に招待するよ」
　目を合わせようとしない少年の前で、手品師はめげずに次々と少年に手品を披露した。すると少年は徐々に顔を上げるようになり、表情が柔らかくなってきた。そして、手品師が「これが大劇場で一番うけた手品だよ。」と言って手のひらのコインを消すと、少年は「すごい！」と驚いた後、「大劇場で喜んでもらえたんだね。」と言って、手品師の成功を一緒に喜ぶことができた。さらに、手品師が「今度大劇場に出るときは、必ず君を招待して、大劇場で見せてあげるよ。」と言うと、少年は「おじさん、ありがとう。」と言って、

「少年があなたを見てくれなくて、苦労していましたね。」とか「ずっと下を向いたまま、手品師を見ようとはしませんでしたね。」などと、具体的な様子や言葉を示して、演者が感想を語りやすいようにする。

〈新たな課題〉
　演じられた後の話し合いから、課題や次に演じられる場面が見えてくる。

　大劇場での手品の明確なイメージがわかずに、手品師の演技が中断した。
　そこで、観客に手品の内容を思いつくままに挙げてもらうことで、演者の手品のイメージが膨らみ、その後の再演で、一番やりたいと

満面に笑みを浮かべた。

　演じ終わった後観客は、少年にわびながら、少年だけのために一生懸命手品を披露する手品師の誠実さを指摘したり、手品師の成功を喜ぶことができた少年の姿を喜んだりする感想を語った。

　手品師を演じた院生は、ほっとした表情で、「『どうしよう』という状況の中で、本当に必死だった。(役割)演技のはずなのに一生懸命になっている自分に驚いた。そのときは、少年を癒やそうと必死な手品師以外の何者でもなかった。それだけに、少年が笑顔になってほっとしたし、うれしかった。今度大劇場に出られるときには、絶対に少年を連れて行こうと思う。」と、演じて初めて気づいた驚きや感情と共に、少年に誠意が伝わった喜び（状況的理解）を、実感として語った。

　少年を演じた院生は、「はじめは下を向いていたけれど、手品師のおじさんが次々にすごい手品を披露してくれるので、上を向いてしまった。自分のためにだけ大劇場での手品を見せてくれているのだとわかって、うれしくなった。『大劇場で成功したんだな、（大劇場の）みんなも、うれしかったろうな』と思うとうれしくなった。今度は大劇場に連れていってくれると言ったので、楽しみになった。」と、気持ちの変化の様子を語った。

思う手品をすることができた。

3．役割演技による授業の特徴について

　道徳の時間の目標に照らし合わせると、道徳の時間では、手品師がどんな行動を取ったらよいのか——少年の所に行った方がよいのか、大劇場に行った方がよいのか、あるいは、そのどちらでもない第三の方法がよいのか——といった、行為の内容（指導）がねらいではない。道徳的価値——本時の場合は「誠実——

（のよさ）を理解し、自分とのかかわりでそれをとらえ、さらにそれを、自分なりに発展させていくことへの思いや課題を培う道徳的価値の自覚を深めながら、内面的資質を育成することが、道徳の時間のねらいである。しかし、これまでの記述で、役割演技の目的や内容が、この「（より）よい行為探し」「正解の行為探し」ではないかといった誤解を読者に抱かせるのではないかと、危惧している。

その誤解を解くという本題の前に、その前提として、本資料での「誠実」をどうとらえるのかを考える。

一般的に、話し合いによる授業の展開では、手品師が大劇場への出演をきっぱりと断った理由を考え、たった一人の少年の前で手品を披露している手品師の心情に共感することを通して、誠実に生きることの大切さ（よさ）を理解させようとする。しかし、大劇場出演の夢を棒にふってまで少年の所に行く姿から、児童が誠実という道徳的価値の理解にいたるだろうか。「誠実な姿」の内容に対する学習者の疑問が生じることを禁じ得ない。そもそも、どのような行為を選択しようが、手品師が悩む姿や悩んでいる内容にこそ、誠実さが現れているのではないだろうか。また、少年との約束と、手品師のその後の生活がかかっている夢の実現、すなわち、子どもの事情と大人の事情とを、単純に同じ天秤にかけること自体に無理はないのか。仮にそこに目をつぶるとしても、本時に考える「誠実」が、手品師から少年への一方的なものだけで良いのかという疑問はぬぐいきれない。もちろん、本時のねらいは少年に対する手品師の誠実さから、誠実に生きるよさを理解することではある。しかし、初めは授業のねらいそのものではなかったものの、結果的に、役割演技で演じられた少年の姿がこの疑問に象徴的に応えている。前述の事例では、大劇場への出演を断りながらも、心残りであったために、少年の前で心から楽しめない手品師が演じられた。また、そのような手品師との相互性の中で、少年は手品師の姿に違和感を覚え、「何か隠し事がある」と感じ取り、「何か迷惑をかけたのではないか」という、疑念や心配が生起している。一方的な「誠意」は、無理が生じて「誠実」たり得ないことを表しているといえる。筆者が以前小学校で担任していた児童に対して行った授業でも全く同様の状況が起こった。このときは、手品師の様子に違和感を感じた少年の追及で、手品師は、少年との約束を果たすために大劇場に出なかったことを「告白」してしまう。このとき、少年は事の重大さに絶句する。自分との約束で手品師に大劇場をあきらめさせたことは、少年にとって手品師への誠意とは対局に位置することな

のである。この感情は、手品師の幸せを願う少年であるがゆえに生じるものだと考えられる。そのため、役割演技で、少年が、手品師の少年への思いを受け入れるだけでなく、手品師の成功を心から喜ぶことができたことは、少年から手品師への誠意そのものと解釈できるのではないだろうか。このように、「誠実」の内容を、相互の立場から状況的に理解できるところに、役割演技のよさや特徴があると言えるであろう。

4．役割演技に必要な理解―誤解の背景―

(1) 一般的な役割演技のイメージ

役割演技について、小学校指導書　道徳編（文部省、1989）[3]では、次のように述べられている。

「この方法は、演技的な表現方法を通じて児童を主題の展開に参加させるものである。ねらいとする道徳的価値についての共感的理解を深め、児童自らに道徳的心情や道徳的判断について考えさせる上で効果がある。

特に、友達の前で演劇的な表現活動をし合うことは、仲間との相互理解や信頼感を深め、望ましい仲間意識を育てる一助にもなる。（後略）」

また、小学校学習指導要領解説　道徳編（文部科学省、2008）[4]では、次のような指摘が見られる。

「特に小学校高学年や中学校の段階で、法やきまり、人間関係、生き方など社会的自立に関する学習において、より効果的な指導を行うため、道徳の時間及び各教科等それぞれで担うものや相互の関連を踏まえ、役割演技など具体的な場面を通した表現活動を生かすといった指導方法や教材等について工夫することが必要である。」

一方、中学校学習指導要領解説　道徳編（文部科学省、2008）[5]では、「道徳の時間に動作化や役割演技A、コミュニケーションを深める活動などを取り入れることは、生徒の感性を磨いたり、臨場感を高めたりするとともに、表現活動を通して自分自身の問題として深くかかわり、ねらいの根底にある道徳的価値についての共感的理解を深め、主体的に道徳的実践力を身に付けることに資するものである。

指導に当たっては、生徒が伸び伸びと表現できるよう配慮するBとともに、日

常の指導の中で表現活動に慣れさせることや自由に表現できる学級の雰囲気をつくる。ことが大切である。また、これらの活動が単に興味本位に流れたりしないで道徳の時間のねらいを達成することができるようにするため、活動を取り入れる目的やねらい達成の見通しをもち、場面設定をしっかりしておくことなど事前の準備と配慮が大切である。」（下線や下付きアルファベットは、筆者による）と述べられている。

　また、尾上明代（2011）[6]は、「演じることを簡潔に説明すれば、実際に自分の身体や声を使い、他者や自分の生の感情を感じながら『生きる』こと」であり、「設定が架空であっても、そこに表出される感情は本物」であると述べている。それ故に、「そこでネガティブな気分を味わうことになれば、そのダメージや傷は『現実』のものと変わらないことになります。」という指摘を肝に銘じたい。

　このように、様々な効果が期待される一方で、準備や配慮が必要であることを理解すると共に、その影響力の大きさを侮ってはならない。以下、準備や配慮に関する詳細について述べていく。

（2）動作化と役割演技との違い（下線Ａ）

　外林大作（1977）[7]は、動作化と同義と思われるロール・テイキング（role-taking）を「社会的に期待されていると思われる、あるいは期待された役割をそのまま受け入れて実行する」ことと述べ、一方、ロール・プレイング（role-playing。役割演技はロール・プレイングの日本語訳）について「役割を自発的・創造的に演ずることをいう」と述べている。

　また、時田光人（1992）[8]は、「役割取得（ロール・テイキング）を役割演技（ロール・プレイング）に改めようとして、一方的に自発的・創造的な役割を演じようと努めましても、役割関係は相互的でありますし、相互作用状況によって役割は創造されるわけですから、相互に新たな役割の発見がなければ、役割取得の段階にとどまるを得ません。」と述べている。

　このように考えると、動作化と役割演技は道徳授業で用いられているが（下線Ａ）、役割演技は、読み物資料（シナリオ）の台詞をそのまま表現することに終始する動作化と違うのである。しかし、この二つの違いはあまり明確に認識されているとは言えない。「役割演技」と言われる多くの授業が、例えば児童に登場人物のお面をかぶらせながら資料の台詞を言わせてその心情を聞いたり、その後

役割を交換して再演しながら感想を聞くような、ロール・テイキング（動作化）で終結しているのではないだろうか。確かに、それだけで状況の理解が深まったり、登場人物の台詞の根底にある心情や道徳的価値に気づく児童が出現することもある。しかし、それがいつも、他の学習者にまで拡がることは必ずしも期待することはできない。このように、役割演技は、単に「決められた台詞を」「感情を込めて」「それらしく」「上手に」演じることではなく、動作化から始めても、「役割を自発的・創造的に演じながら、相互に新たな役割の発見をする役割演技にまで拡げる」ことをとおして道徳的価値の実感的理解が深まるようにすることが肝要であることを理解したい。

（3）準備としての W-up（ウォーミング・アップ）
　　（下線B、Cの実現のために）

　読者の皆さんは大人であっても、いや、大人だからこそ、研修会のような特定のメンバーによる閉じられた場であっても、いきなり前に出て何かの役を演じるように依頼されると、抵抗や不安・恐怖を抱くであろう。このような感情を抱く原因は、参加者にどう見られるかという評価に対する不安（期待）と、いきなりでは、その役のイメージができないという戸惑いがその主と思われる。これは、児童・生徒も同様に抱く感情である。特に小学校中学年以上の児童・生徒にとっては、「安全」が担保されなければ、演じることをとおして相互に新たな役割の発見をすることはおろか、前に出てくることもできないであろう。たとえ演者を引き受けても、恥ずかしがってお茶らけたり、テレビの登場人物のまねをしたりして自分が本当に演じたい役割を演じようとしないのは、まさに、この安全に対しての確信が持てないためにその場をごまかそうとしているか、あるいは、観客からの「うけ」をねらった過度の役割期待を持っているからである。また、前に出て演じることだけが児童の目的になってしまう（特に小学校低学年で多く見られる）と、役割演技の本来の意味が失われてしまう。このような理解は、冒頭に述べた役割演技に対する否定的な意見の解決に不可欠と考える。

　そのような状態に陥らないようにするためには、学習方法の「しつけ」が重要となる。まずは、役割演技は演劇的な表現や効果を期待するものではなく、相互に演じながら、自分自身の気持ちに気づいていく場なのだという理解が必要である。そのために、よく視ること、よく聴くことを奨励する。道徳の時間以外の場

で、例えば、なりたい動物になって簡単な出会いの場面を設定し、「演者が何と言ったか」「どんな仕草や表情だったか」を監督としての授業者がよく聞くようにしながら、それらの視点を手がかりに演者の心情を共感的に理解しようとする「観客」(演者以外の児童)を創るようにする。特に、役割演技による道徳授業を始めた当初は、「観客づくり」は丁寧に行っていきたい。児童は、演者のどんなところを視たり聴いたりすればよいのか、それをもとに、どのように考えられるのかなど、学習の仕方を身につけることで、共感性が高まっていく。低学年の児童ならば、さらに、よく視たり聴いたりしていた児童が、演者として選ばれることを理解できるようにするとよい。その結果、落ち着いて視たり聴いたり、演じたりすることが可能となる。例えば、筆者が担任した1年生で「二わのことり」を資料に授業をしたときに、「あのね、うぐいすさんのうちで歌の練習をしているとき、みそさざいくんはずっと下を向いていたよ。きっと『やまがらくんは今ごろどうしているのかな?』って心配だったんだよ。」と観客が発言したように、児童は演者の仕草から、その心情を共感的に理解しようとするようになるのである。このようなよい観客づくりは支持的な雰囲気づくりに直結し、互いに理解し尊重し合う学級づくりにもつながっていく。

　しかし、W-upのためだけに時間を費やすことはできない。W-upは1時間の授業としてではなく、様々な場面で行うことが可能である。例えば、国語の物語文の読み取りの補助(発展)として場面を演じたり、学級指導として、いろいろなあいさつを交わす場面を演じて、気持ちの良いあいさつを指導するなど、様々な工夫や利用が考えられる。役割演技では、いつでも観客と演者は交代できるので、よい観客が育てば、自ずとよい演者が生まれてくる。筆者は、演者づくりのためのW-upとして、朝の会の健康観察の時間を利用して児童の自発性や創造性が高まるようにした。例えば、「今日は久しぶりに晴れたので、お日様になって返事をしよう。」と呼びかけると、「ぎらぎら元気です。」とか、「雲がまた出てきたな。邪魔をするなよ。ちょっとおなかが痛いです。」といった返事が返ってくる。このような、ちょっとしたW-upの場の設定の工夫で、児童が表現したり、それを聞き合い、尊重し合ったりすることが自然に行えるようにすることは、前述の下線Bや下線Cすなわち、伸び伸びとした表現や自由に表現できる雰囲気の醸成につながるのである。

5．おわりに

「役割取得（ロール・テイキング）を役割演技（ロール・プレイング）に改めようとして、一方的に自発的・創造的な役割を演じようと努めましても、役割関係は相互的でありますし、相互作用状況によって役割は創造されるわけですから、相互に新たな役割の発見がなければ、役割取得の段階にとどまるを得ません。」（時田、1992）との指摘はすでに紹介したところであるが、相互関係の中での状況的理解から生じる新たな役割を発見する実感的理解こそが、知識としての理解を超えた、内面的資質としての道徳性の基盤をなす理解の仕方ではないかと考える。例えば、資料に書かれた手品師の行為の意味を考えることを通して、知識として道徳的価値（本時の場合は「誠実」）の理解をすることに終始するのではなく、事例で紹介したように、相互関係を演じるがゆえに生じた課題を解決し、さらに新たな課題を演じながら解決する繰り返しを通して、自分事として誠実さを貫き通す大切さやよさを実感的に理解する――手品師を資料とした事例では、大劇場に出演しても、終了後すぐに少年の元に駆けつけ、大劇場での手品を精一杯披露し、少年の悲しみを癒やそうとすることで、少年に誠意が伝わった手品師の喜びを実感する。また、手品師の誠実さを受けとめ、約束を破らざるを得なかった手品師の大人の事情を理解し、手品師の成功を喜ぶ少年の気持ちを実感的に理解する。これらを通して、ごまかしのない誠実な生き方のよさを実感的に理解する――ことに道徳授業での役割演技の意味があるのであって、単なる「よい行為探し」や「正解の行為探し」とは違った新たな役割の創造によって、その実感がもたらされるということを理解することが肝要と考える。

註
（1） 東京学芸大学「総合的道徳教育プログラム」推進本部第1プロジェクト「道徳教育に関する小・中学校の教員を対象とした調査―道徳の時間への取組を中心として―〈結果報告書〉」2012
　　　http://www.u-gakugei.ac.jp/~kokoro/download/data/report_2012houkokuALL.pdf
（2）『みんなのどうとく　5ねん』学研
（3）　文部省『小学校指導書　道徳編』大蔵省印刷局、1989
（4）　文部科学省『小学校学習指導要領解説　道徳編』東洋館出版社、2008
（5）　文部科学省『中学校学習指導要領解説　道徳編』日本文教出版、2008
（6）　尾上明代『子どもの心が癒され成長するドラマセラピー：教師のための実践編』戎光祥出版、2011
（7）　外林大作（依田新（監修））『新・教育心理学事典』金子書房、1977
（8）　時田光人『教育心理劇による学生相談の実際―ロール・プレイングの効果―』千葉大学保健管理センター、1992

〈参考文献〉
早川裕隆「教職大学院における役割演技を導入した道徳授業研修の効果」『道徳と教育』No. 330　pp. 107-116、日本道徳教育学会、2012
早川裕隆『役割演技を道徳授業に』明治図書、2004

道徳学習指導略案

主題名：誠実な生き方［内容項目1－(4) 誠実に、明るい心で生活する］
資料名：手品師（みんなの道徳　5年、学研）
ねらい：自他に誠実に生きようとする手品師と少年の役割を創造することをとおして、誠実に生きるよさを実感的に理解し、自他に誠実に行動しようとする心情を養う。

展開の大要

主な発問と予想される児童の反応	指導上の留意点
1．手品師のイメージを発表する ○手品師というと、どんな手品を連想しますか？ ・瞬間移動 ・トランプ ・コインを瓶の外から瓶の中に通過させてしまう。	○手品師のイメージを語り合うことで、資料への導入を図る。 ・テレビに出るはなやかさや、芸に対する驚きなど、感動的な芸を連想できるようにする。 ・手品の練習や、新しい手品を生み出すことの大変さを想像できるようにする。
2．資料「手品師」を読んで話し合う ○手品師はどんなことを思いながら、手品の練習をしていたのでしょう。 ・大劇場でみんなに手品を見せて喜ばせたい。 ・もっと儲かる商売をしようかな……でも、夢はあきらめられない。 ・つらいなあ。でもチャンスはきっと来る。絶対チャンスをつかむまで、怠らずにうでを磨き続けよう。	○教師が範読する。 ○手品師の願いや夢について理解できるようにする。 ・その日暮らしの貧乏な手品師が、それでも夢をあきらめずに練習に励む様子から、手品師にとって「大劇場で手品をする」ことへの思いがどれほどに強いのかを想像できるようにする。 ・うでを上げても、大劇場に立てるチャンスは滅多にないこと、だからこそそのチャンスを逃さないようにがんばる手品師の努力や情熱は、並大抵のことではないことを想像できるようにする。
○男の子に「ああ、来るともさ」とこたえたときの手品師は、どのような気持ちだったでしょう。 ・いい加減な気持ちで約束したのかを問うようにし、たとえ相手が子どもでも、約束を裏切れないと思っている手品師の気持ちや男の子とにとっての約束のや期待の大きさから、手品師がした約束の覚悟の意味が明らかになるようにする。 ・僕の手品で元気づけられた。嬉しいな。 ・こんなに喜んでくれたんだ。絶対に裏切れない。 ・さぞ寂しかったんだろうな。僕がこの子を支えてあげよう。	○男の子と約束したときの手品師の決心の強さを、共感的に理解する。
○友人からの電話でチャンスが巡ってきたことを知ったときの手品師は、どんな気持ちだったでしょう。 ・やった！やっと俺にもチャンスが巡ってきた。 ・このチャンスを逃すものか。逃したら二度とチャンスは無いかもしれない。 ・やっと長年の努力が報われる。夢が叶う！	○大劇場に立てるという喜び、感動、希望、意欲などといった手品師の気持ちに共感できるようにする。 ・どんな手品を披露したいと思ったのかを問うようにし、夢が叶った喜びや、当日最高の手品を全力でしようと考える手品師の興奮や希望を想像できるようにする。
◎今すぐに大劇場に向けて出発しなければ出演はかなわないことを知った手品師は、どんな気持ちになったでしょう。手品師を演じてみましょう。 ・少年との約束は破れない。あきらめる。 ・長年の夢をあきらめると後悔する。 ・出演はするけれど、アンコールにも応えずすぐに少年の所に行き、大劇場の手品を見せる誠意を示す。	○自分の夢を大切にしながらも、少年に対してできる限り誠実であろうとする手品師を演じられるようにする。 ・児童の演じたい手品師が演じられるようにし、話し合う。 ・手品師が、せっかくのチャンスをふいにすることで、少年が本当に喜ぶのか、考えるようにする。 ・手品師の少年に対する誠実な態度だけではなく少年の、手品師に対する誠実な態度も演じられるようにし、互いを思いやり、誠実に尽くそうとする関係のよさを理解できるようにする。 ・児童が望めば、大劇場に出た翌日の手品師と少年を演じるようにし、誠意を尽くし合うよさに気づくようにする。

【図　手品師……指導略案】

第7章 複数時間で創る道徳授業

田村博久

社会の趨勢から変化する人間関係のなかで、より純粋な本来の人間性を求め、あるべき姿に立ち返るために、1時間という授業単位ではまかなえきれない内容を、複数時間で作り上げる方法。

1．はじめに―本物の姿をもとめて―

　これまで身近な隣近所の人間社会で「価値」は存在していた。冠婚葬祭の折には向こう三軒両隣という仲間意識がサポートし合う「慣習」「風習」があった。「隣のがんこおやじ」「めちゃめちゃ元気なあいさつのおばさん」等が存在して、声をかけ、うるさいほどにかかわり続ける生活環境が日本の家庭にあったように思う。

　ところが現社会は、個人情報の保護など人としての存在を不明確に隠すことができ、デジタル化したバーチャル（仮想）映像と音声が闊歩している。テレビやラジオ、新聞・雑誌ではなく、インターネット、携帯電話による情報化社会の発達がひとまとまりの世界を作り出しているようにも思える。

　時代は「会う」という事実を全く否定してしまう感覚すら生み出している。つまり、本物に出会う、生きたぬくもりに触れる、といった本物が消えてもおかしくない時代である。

　目指す実際は、教育の生々しい原点、すなわち、本物の姿に出会い、本物の生きたぬくもりに触れ、そして、共に受け容れ、学び合うことにある。

　統合的道徳プログラムとの出会いが、本物の姿を追う道徳教育への出発点となった。そして、道徳の時間を通して、子どもたちと共に様々な人の生きざまを見つめ、考えてきた中で、一内容項目一時間の取り組みではまかないきれない場合を実感してきた。統合的道徳授業を実践研究した内容を紹介し、複数時間[1]でプログラムする有効性、課題を提案したい。

2．複数時間で創る「統合的道徳授業」[2]とは

　アメリカの教育学の流れとして、大きく二つの流れがある。歴史の試練に耐えてきた文化遺産の教育的価値を重視し、学校はそれを次世代に伝達するという社会から委託された任務があることを強調する本質主義と、子どもの興味、関心、成長意欲を受け止め子どもの自発性、主体性を尊重して活動意欲を引き出すことを重視する進歩主義である。

　本質主義の教育学を継承しているインカルケーションの道徳教育、品性教育では、社会や大人が望ましいと考える価値を子どもに伝達することを道徳教育の第一の目的としている。すなわち、教師は様々な手法を用いて道徳的価値の内面化を図る。一方で、1960年代以降進歩主義の教育学の流れから価値教育や道徳性の発達研究が盛んになった。なかでも教育現場に価値の明確化[3]と認知発達理論に基づく道徳教育[4]が広く受け入れられた。これらは、価値の内面化を図る伝統的な道徳教育は社会の慣習的価値を子どもに注入していると批判し、ダイヤローグやディスカッションを通して子どもの価値表現や価値判断を重視している。そして、90年代になり、二つの流れが合流する方向に向かってきた。

　統合的道徳教育の目指す姿は、大きくは本質主義的な道徳教育と進歩主義的な道徳教育の統合である。これまでの道徳授業を基盤に、新しい授業方式を積極的に採用し、バランスある授業観を大切にしてきた。将来の日本を見据え、教育の実態を踏まえた新しい道徳教育の創造を視野に入れたものである。一つの方式にこだわることなく、常に有効性と限界性を明らかにしながら教育の実態に即した吟味を行ってきた[5]。

　特に、世代間、親子間、教師と子どもの間に基本的な価値のギャップがありお互いが十分にコミュニケートできないでいる社会であることと、同時に価値の多様化現象に十分な対応ができていない現実、子どもたちの間で多様な価値観を受け容れる基本的な生活態度が形成されていないことを最大の関心事とした。

　伊藤啓一氏はわれわれとの実践研究を通じて、『①子どもが自らの思考・判断・感情などを自由に表現できる場を設定する。②教師は謙虚に子どもの意見に耳を傾け、子どもの価値表現を「ありのまま」受容し、尊重する。こうした態度が、「子どもを知って授業に臨む」ことから、子どもを知らないことを自覚して「授業を通して子どもを知る」ことへの転換に結びつく。この発想の転換が、「道徳

の授業」において、「教師のねらいとする価値を優先する」授業展開とは違って、「子どもが自ら考えた価値観を優先する」新しいスタイルの授業を生み出すのである。』[6]としている。

　道徳授業の一方法論、一つのマニュアルとなる取り組みだが、あくまでも道徳教育に臨む教師が「どんな子どもたちを育てていきたいのか」を常に追い求めないかぎり、この統合的な道徳授業の考え方も「そんな話があった」に終わってしまう。

3．複数時間で創る「統合的道徳授業」のポイント

　統合的道徳教育は「子どもに道徳的価値を伝達すること」と「子どもの道徳的批判力・創造力を育成すること」の統合をめざしている。そのため、授業レベルでは「A（伝達・納得）型；ねらいとする道徳的価値を教える」と「B（受容・創造）型；子どもの個性的・主体的な価値表現や価値判断の受容を第一義とする道徳授業」の二つに分類し、これを複数時間プログラムに構成することによって、道徳的価値の伝達と創造の統合を図ろうとする。

	A（伝達・納得）型	B（受容・創造）型
1	「ねらい」が子どもに教えたい（内面化させたい）価値内容を表している。	「ねらい」が道徳授業における子どもの活動内容や態度を示している。
2	歴史的、社会的に承認された道徳的価値の伝達的側面を重視する。	価値の表現力・判断力・批判力などの創造的側面を重視する。
3	子どもたち全てに共通する内容を強調する。	子どもの個人的な相違点を強調する。
4	結果を大切にする道徳授業（評価基準；ねらいとする価値が内面化できたか。）	プロセスを大切にする道徳授業（評価基準；子どもが主体的な活動ができたか。）
5	クローズド・エンド（授業の終末が閉じる傾向にある。）	オープン・エンド（授業の終末が開いている。）

　これまで研究実践してきた統合的道徳授業の魅力の一つは、複数時間の設定で、現実に素直に対処すべく、子どもが自分自身を見つめ、他と共に学び合える場と時間が生まれることにある。すなわち、子どもたち個々が、自分の今に立ち止まり、言葉を介して、他と共に意見や思いを出し合うことで、自分自身を見つめることができるのである。そして、その内面的な価値に気付き、あるべき自分の姿に納得するのである。

特に、受容・創造型（B型）と設定した時間では、価値の明確化やモラルディスカッション、構成的エンカウンター、自由な話し合い等、様々な手法のもとで、学級の仲間が自由に語り合い、楽しくもあり、ほっと安堵できる時間と空間が生まれた。個々にちがう次元の考えや思いを発見し、自分の姿や考え方と比較・検討する場となった。

　また、A（伝達・納得）型授業を組み込むことで、B型授業で広範囲に拡大した30人30通りの考え方が収束する方向に向かい、授業者が伝えたい内容が、子どもたちの考え方、言葉でまとめられていく。教師主導の教授・伝達スタイルでは生じにくい子どもたち自身の納得が、このプロセスで実現できる。

　先の研究では以下のように考察した。

(1) B（受容・創造）型授業は有効な道徳の授業となるか。
①答えがひとつではないB（受容・創造）型授業が、自由な発言を促し、どの子も自分の考えを言いやすくなり、和やかな雰囲気となって発表することができた。また、他教科ではほとんど発言しない子も発言するようになった。
②正解を求める授業ではなく、自分の考えを教師や友達が受け止めてくれることから、どの子もよく考えることができ、満足できる楽しい時間として学習意欲が継続した。
③まるごと子どもたちの声を聞く時間となり、関わりの場が増えたことで、積極性が芽生え始めた。
④一つのテーマで1時間話し合うことは、「ここまでねらう」と焦る必要がなくなり、「一人ひとりの気持ちを知ろう」と時間的にゆとりを持てて、楽しい。
　授業者のこのような考察から、指導方法の画一化を避け、子どもの主体的、自主的な学習活動を大切に位置付けたことで、概して満足できる授業の場となった。
　また、自分の意見が板書され、認められることでより満足感が膨らみ、さらに、整理された板書を見ることで、他の意見が理解しやすくなることや、クラスで受け容れられた児童の意見に関連した児童へ、認め合いや発見が広がり、新しい価値の発見の糸口や、これからの生き方の小さな支えが生まれる場合もあった。
　さらに、受容されることは心が休まり、受け容れてくれる相手へ自然と心が開かれ、自らの声にまで耳を傾けることになった。また、「ああ、あの子は……だ。」という教師の知らない新しい発見がある。教師にゆとりある子どもの見方を与え、子どもたちに満足を与える時間として、そのよさは評価できよう。
(2) B（受容・創造）型授業の問題点は何か。
①B型授業の実践がスムーズにいくためには、子ども同士が互いに常に話を聞き合い、認め合えるような指導が求められ、低学年から積み上げる集団の力や学習の力の礎がある。
②受容にはステップがあり、子ども自身の自己受容、教師と子の受容関係から子ども同士の受容関係へと何段階かの広がりを考えていく必要がある。

　このように、授業において求められる指導者の力量、発達段階的な受容のとらえ等、受容・創造型授業は安易な捉え方では難しい。すくなくとも、子どもの視点に立ち、ときめく授業を目指す教師の姿が必要となろう。そのことは、子どもの授業評価を大切にする姿勢となり、子どもの思考を活かした授業作りの一歩ともなろう。

4．複数時間でプログラムした統合的道徳授業実践

(1) プログラム名「人の生き方」

　テーマ「人の生き方」として、全2時間：A-B型の授業を行った。この授業は、子どもたちは「生命を尊重するとは、どういうことなのか本当にわかっているのか」という立場に立ち、「生命は大切であるとわかっているつもりの子どもたちの集団である」との視点から、まず第1次で、生命の尊重を十分に確認し、第2次では、自己犠牲の話題にふれ、生命の尊重をよく考えるというプログラムであった。

①目標

　極限の状況下で自分よりも先に周りの人を助けようとした人の姿にふれ、生命の尊重についてよく考えることができる。

②プログラム計画（全2時間）

次	主な学習の流れ	指導上の留意点（▽）と評価（●）
1	資料「命」を読んで、命を大切に生きることを理解する。 《由貴奈さんはどんな気持ちでしたか。》 ◎元気になりたい。病院はいやだ。手術はこわい。 ◎いじめや自殺で命をむだにしない。 《「あと1週間の命だとしたら……」どうしますか。》 ◎死んでしまったら悲しい。いやだ。泣き叫ぶ。 ◎どうしたらいいかわからない。 ◎好きなことをする。 《今、がんばって生きていますか。》 ◎運動（野球、剣道、柔道、空手等）で体を鍛えている。 ◎そろばん、習い事に努力している。	▽現実に問題となっているテーマを踏まえ、受容的な環境で、具体的な話し合いを大切にする。 ▽生き続けたいのに、病気で死ななくてはならない現実を押さえる。 ▽父母や祖父母、その以前からつながってきた命に想像を広げ、イメージを膨らませる。 ▽限りある命を自分の身に置き換え、差し迫ったものとして考えることで、命の大切さをふりかえる。 ●自分の命を見つめ、限りある命をむだにしないで大切に生きることがわかる。

次	主な学習の流れ	指導上の留意点（▽）と評価（●）
2	資料「一本のロープ」を読んで、命を大切にすることをよく考える。（本時） 《読んで心に残ったこと、考えたところはどこですか。》 ◎極限の状況、恐ろしさ。 ◎ロープをゆずったこと。（すごい。やさしい。助けたい。生きてほしい。自分にはできない。） ◎命を失ったこと。（自分を犠牲にした。他の人を生かした。心に残って生きている。） 《アーランドさんは自分の命を大切にしましたか。》 ◎苦しい。迷う。悩んだ。 ◎大切な家族のことを考えた。 ◎自分は大丈夫だと思った。 ◎他の人を助けたいと思った。 ◎ロープをつかまなかった、ゆずったことで命を失った。 ◎自分を犠牲にして他の命を大切にした。 《アーランドさんの生き方をどう思いますか。》	▽子どもたちの感想には受容的対応で接し、全ての思いを受け容れる。そのなかで生まれる子どもたちの思考の流れを大切にして課題をまとめていく。 ▽前時で考えた、命の大切さについて、話題となった場合は、その都度確認する。 ▽自分たちの日常と極限の状況を比較して考えさせる。 ▽周囲の多くの支え、家族や友人の悲しみの視点を押さえる。 ▽自分の生活の中から発せられる感想を称賛する。 ▽主人公の生き方を動かしていたものは何かといった具体的な話し合いを大切にする。 ▽生きぬこうというがんばりがあったことを押さえる。 ▽自らを犠牲にしながら他の命を大切にしようとした主人公の思いを押さえる。 ●命を大切にすることをよく考えることができる。

一本のロープ

1982年（昭和57年）1月13日 アメリカのワシントン空港からフロリダに向かう飛行機に事故が発生した。飛びたった直後に空港近くの橋にぶつかり、氷のはったポトマック川に墜落してしまった。全員の命が絶望と見られていたが、奇跡的に6人が助かり、水面に浮かびあがってきた。アーランド・ウィリアムズほか5名だった。

しかし、墜落による死をのがれたとはいえ、6人とも骨を折るなどの重い傷を負っていた。しかも、うす着で水温は0度。20分以内に助けなければ命は危ないという状況だった。

ふぶきで救助隊の到着が遅れていた。また、川岸から現場までは遠く、氷があって助けられない。岸で見ていた人が、いても立ってもいられず、泳いで助けようとしたが、命綱がとどかず、そうなんしている6人の所には行き着けない。しかたなく川に入ったまま大声で励まし続けた。ようやく救助隊のヘリコプターが到着し救助を開始した。

冷たさで手に力が入らないため、ロープを輪にして体に引っかけ、川の上を引きずるように1人を助けた。

次に、ヘリコプターの救助隊は今にも沈んでいきそうなアーランド ウィリアムズにロープをたらした。ところが、アーランドはそのロープを別の遭難者にわたして、救助の順番をゆずったのである。そして、2人が救助されて残りは4人となった。

ヘリコプターの救助隊はふたたびアーランドの目の前にロープを下ろした。

しかし、アーランドはまたもロープを別の遭難者にわたし、再び順番をゆずった。救助係はその様子を見て、今度こそアーランドが受け取ってくれるようにと、別のロープをアーランドのそばに下ろした。だが、アーランドはそのロープも別の遭難者にゆずりわたした。

その後も、助けられる機会がありながら、彼は最後まで他人にロープをゆずり続けた。

そして、他のみんなの救助が終わり、さあ彼の番となった時、彼はもう川に浮いてはいなかった。最後まで救助のロープをゆずって、アーランド ウィリアムズは川に消えたのである。

③考察

　ロープを「ゆずる」ということは自分の生命を失う可能性が高くなる。現実はそのことで死を選択したことになった。資料には、この選択にいたる主人公の生き方の背景がまったく書かれていない。しかし、受容型の授業で、「きっと……だろう。」と、アーランドさんの行為の理由を子どもたちは広く創造した。

　前時のA型授業で「限りのある命」「世界に一つしかない命」「受け継がれてきた命」、それ故、「無駄にすることなく、精いっぱい生きよう」と押さえた。さらに、「簡単に死ぬな」「決して死ぬな」「今を大切にしよう」と、厳格な指導を行った。この点にふりかえりながら、「アーランドさんに生きたい、生き延びたい気持ちはないのか」と、何度も切り返し発問を行った。

　しかし、人間の尊厳、畏敬の念から、「人間の生き方ってすごい、自分は生命を大切にするという観点で、どのような選択を行うのだろうか」といったことをよく考える時間であったようにとらえている。子どもたちの柔軟な思考を、「受容・創造型」でフルに活かすB型授業のスタイルによって、子どもたちの広い思考を引き出すことができたように考える。

　また、これまで、「今生きていることは大切なことだ」「一番大切なものは一つしかない命だ」という認識が高校・大学生で一時的に低下し、底となるU字型を描く傾向[7]にあると見てきた。ここでは、小学校4、6年生の時期に「自分の命だけを大切にしていいのか」といった他者への認識が、素直に生じていると考えることもできた。

　現実社会は、人間観が従来の意識とかけ離れているのかどうか、より広い視点でどのように受け取られているのか考える時期にきていることが多い。ただ、様々な世相が反映している現代において、なおも「忍びざるの心」[8]を持つ人間観が生き続けていることの一面をここで確認した。

（2）プログラム名「こころのブレーキ」[9]

　テーマ「こころのブレーキ」として、全3時間：B-B-A型の授業を行った。この授業は、「いじめ問題」に対して、自分のなにげない言葉が他にどれほど嫌な思いをさせているのかを話し合わせること。さらに、自分たちが知らず知らずのうちに傍観者になっている事実に気付かせることを課題と捉えた。

①目標

実際の学級生活の中にある些細な言葉の暴力がいかに他を傷つけるものなのかを伝えつつ、それぞれが同じ人間として持つ良さを確認させたい。

②プログラム計画（全3時間）

次	主な学習の流れ	指導上の留意点（▽）と評価（●）
1	あだ名について自由な思いや考えを発表する。そのことを通してあだ名といじめの関係を考える。 《あだ名についてどう思いますか。》 ◎言われたら嫌だ。 ◎言われてうれしいこともある。 ◎仲良しだとニックネームで呼ぶ。 《うれしいあだ名と嫌なあだ名を比べよう。》 ◎嫌なあだ名は顔のことを言われたりする。言われる気持ちがわかっていない。 ◎うれしいあだ名はかわいい感じがする。自分もそう言われたいと思っている。 ◎比べられない。どちらもいやだ。 ◎相手の気持ちになることが大事だ。 《授業の感想を書こう。》	▽現実に問題となっているテーマを踏まえ、受容的な環境で、具体的な話し合いを大切にする。 ▽善し悪しを断定するのではなくそれぞれの考えを受け容れる。 ▽比較して話せる子、自分の経験から話そうとしている子を称賛する。 ●あだ名を言う方と言われる相手の気持ちの違いがいろいろあることがわかる。
2	校内に多発しているズックかくしが学級でも起こった。「ズックかくし」について自由に話し合い、いろいろな考えがあることを理解する。 《ズックかくしについてどう思うかな。》 ◎ズックかくしをされたらむかつく。 ◎悲しくなる。お返しをしたくなる。 ◎犯人を捜したくなる。 ◎みんなの気持ちが暗くなる。 ◎ズックかくしをするのは嫌なことを言われた時だと思う。 ◎復しゅうするためにやる。 ◎犯人にされたからやる。 《ズックかくしは良いこと、悪いこと？　悪いことなのにどうしてするのかな。》 ◎いじめられたらやっていい。 ◎我慢できないでやってしまう。 ◎悪いことを仕返しでやってはいけない。きりがない。 ◎友達や先生に相談する。 ◎やられて嫌なことはだれでも同じ。 ◎やったらやり返すということはずっと続く。戦争になる。 ◎やることは自分の心に傷をつける。 《授業の感想を書こう。》	▽学級内の出来事をタイムリーに捉える。 ▽犯人捜しをするのではなく、この学級に犯人はいないという姿勢を貫く。 ▽善し悪しを断定するのではなくそれぞれの考えを受け容れる。 ▽自分の経験から話そうとしている子を称賛する。 ▽子どもたちの発言に自ら「悪」を断じる内容が出てくることを待つ余裕を持つ。 ●多くの意見を聞いて、「ズックかくし」がどのようなことなのか自ら考えることができる。

次	主な学習の流れ	指導上の留意点（▽）と評価（●）
3	「となりの席」 （出展　東京書籍「豊かな心で」4年） 実際の学級生活の中にいつもある些細な言葉の暴力がいかに他を傷つけるものなのかを考えたい。そして、同じ人間としてそれぞれが持つよさを確認させたい。 《席替えの時どんなことを思う。》 ◎隣は女の子がいい。 ◎他の人となれるからうれしい。 ◎仲良しと一緒になりたい。 《小林さんの長所や家庭の事情を知って学級のみんなはどう思ったのかな。》 ◎小林さんの優しさを全然知らずに一緒にいたのが悪い。 ◎よく知らずにはやし立てるのはよくない。 ◎どの子にもいいところがきっとある。事情を知ったら謝ったと思う。 《「友達のいいとこ見つけ」を交換し合おう。》	▽現実の学級内の状況について、受容的な環境で、具体的な話し合いを大切にする。 ▽拡大した挿絵を提示し学級内の様子を印象付け、状況を把握させる。 ▽山田君、小林さん双方の立場、気持ちを子どもの言葉で具体的に確認する。 ●一人ひとりのよさのあることを知り、友達を互いに理解する大切さを理解することができる。

③考察

　複数時間のプログラムで、多様な意見が生まれてくる。表面的な指導で「善悪」を伝えるだけで子どもたちの心は揺れない。まして、「自分が相手ならどうなのか……」といった心は耕しにくい。

　また、「悪はいけない」としつけられた子どもたちに、「それはどうしてか」とゆっくり納得のいくまで主体的に子どもたちの言葉で考えさせることのできる時間であった。そこでは、多くの子たちが「悪」の心を持ちながら、互いに生活していることを、公然と互いに認め合い話し合う時間が設定できたからである。「悪」に対して「強制捜査」「犯人捜し」をする時間ではなく、B型の授業で個々が主役となり、自分の思いを出し合い、互いに認め合うことができたのである。そして、このような納得から、「悪」はやはり良くないと子どもたち自らの考えが生まれる。いくら教師が「ズックかくしをやってはだめだ」と断罪しても伝わらない部分が見えたのである。

　そして、3次にA型として行った授業では前時の「受容的」話し合いを受け、「自分ならどうするのか……」という観点を大切にした話し合いの場となった。いじめの構造を説明する子も現れ、子どもたちの言葉で主体的なまとめが可能となった。

5．今後に向けて　複数時間設定の視点から

（1）プログラムの必要性、ねらい

　自分の思いを出しやすい内容項目が効果的である。

　また、集団生活における必要事項（仲のよい遊び方、あとしまつ、あいさつ、関わり合い）や学校で教えるべき事項（時間を守る、片づける）など突き詰めて考えてみる必要性のある項目について設定するとよい。

　さらに、例えば「親切」と「おせっかい」の違いを伝える場合に、それぞれの立場を考える必要があり、十分な時間が求められる。

（2）教師から見た子どもたちの姿

　相手の気持ちになることが大変難しく、単に「自分がそう思うから」と、自分の一方向の思いのみで他に関わる子どもがいる。その場合、分かりきっていたことのようで、多くの子は分かっていないことが多い。あいまいな部分を、個々にはっきりさせたい場面で有効である。ただし、このような授業ばかりだと面白くない。

　発達段階では、どの学年も2学期後半から3学期にかけ、他と自分が見え始めたころがよい。

（3）授業実践時期の想定（年間の位置付け）

　思いやり・親切の年間を通したプログラム等、日常の生活体験を重視し、子どもたちの実態に応じて学級担任の熱意が必要となる。前学年と同じようなことを引きずる内容とならないよう設定する。

（4）プログラム各時間のつながり

　フリートーキング、本当シリーズ、ジレンマ学習、本音とたてまえの時間等意識のつながりを重視したい。次の場面が前時とどのように違うのかにこだわって考えさせたい。

　事前に、実態におけるフリートーキング。事態発生時にタイムリーに取り上げる。事後になぜそうなのかを考えさせる時間を大切にする。

(5) プログラム評価について

1．聞けたか。2．発表できたか。3．よく考えることができたか。4．楽しい授業だったか。等、子どもたちの具体的な評価を位置づけたい。

これからの学校教育の手がかりとして

　本来、子どもたちは友人と会うことや先生と会うこと、学校での授業に「喜び」や「満足」を発見しようとしている。楽しそうな学校行事やイベントがあるから学校へやってくるのではなく、自らの言葉や目で、常に学校の魅力を探し出そうとしていると捉えたい。つまり、子どもが本来求めている「私と君は……」や、「いっしょにいる喜び」を発見するため語り合うことのできる十分な時間と場が必要なのである。そのために、あらゆる機会をとらえて子どもの考えを述べさせるようにすること、人と違ったことを述べる勇気、人と違った意見を受け入れる謙虚さ、寛容さを培い、のびのびと話すことのできる環境、人間力を高める必要性がある。このことは受け身的な姿勢からは望めない。

　能動的な子どもが育つように教育の内容を変えていくこと、すなわち、真に対等の立場として、われわれが求めている受容・創造型の授業を組み込んだ複数時間の道徳授業の取り組みが有効である。

　現場の授業者として一番必要となるのは、「現状の子どもたちに関わる活動への意思と能力の捉え」、「何をどのように積み上げていくのかという教育力の確認」、「活動の目指す方向性の熟知」であろう。目の前の子が今何を、どのように学ぼうとしているのか、その学びの様子や育ちの様子を考える際大切になるのが子どもの見方ではないのだろうか。すなわち、教材との出会い、関心・意欲を喚起させ、企画、試行、挑戦し、解決する、また再挑戦するといったスパイラルな行動や思考の流れにある子どもの見方である。問題解決的な力には広い世界観・価値観も必要となり、受容・創造型を組み入れた道徳授業ではこのような力を育てる土壌として、また、これからの学校教育の潤滑油としての役割を果たすことになると捉えている。

　また、人間の悪の意識だけを汚れあるものとして非難し、責め立てたくはない。さらに、悪を包み隠し、良い面ばかりを強調したくない。同じ人間として教師自らが内面に潜む思いを十分納得し、学級が共に認め合う機会を積み重ねたい。

　人間相互が「つながり」に気づき、安心して真実の自分を語り出すところに力

ウンセリングの妙味がある。今多くの子どもが自分を本当に分かってくれる友達、そして、大人を必死に求めている。逆に言えば他とのコミュニケーションが表面的なレベルに終始して、「つながり」の自覚が薄れている。情感に乏しく刹那的な快楽や人が苦しむのを喜ぶ嗜虐性に傾いたりする子たちに必要なことは、人と人のつながりに気づき、人とつながっていることは心地よいものだと気づくことである。「認められる」ことは「自己存在感」を高揚させる基本と考えられ、教師も子どもも元気になる。

批判的吟味の時間として

「小学校学習指導要領解説　道徳編」には、道徳的実践力が示されている[10]。

伊藤[11]は、「道徳的実践力とは、人間としてよりよく生きていく力であり、一人一人の児童が（A）道徳的価値の自覚及び自己の生き方についての考えを深め、（B）将来出会うであろう様々な場面、状況においても、道徳的価値を実現するための適切な行為を主体的に選択し、実践することができるような内面的資質を意味している。」として、「（A）は道徳的価値を教えること、（B）は道徳的価値を批判的に吟味することを軸として授業を展開することが必要であると思われる。」としている。そして、（A）の道徳的基礎力と（B）の道徳的応用力の両方の必要性を訴えている。ところが、現状は、「道徳の時間」が「ねらいとする道徳的価値の自覚を深める時間である」として（A）に偏った考え方が多数を占めていることを課題としている。

今後、道徳原則をしっかり教えると共に道徳原則を批判的に吟味する必要が生まれてくるものと考える。複数時間を捉える視点に、批判的吟味の時間を加えることで、真の道徳的実践力の育成が求められてくる。

6．おわりに

学校で学ぶ授業について、平成23年度石川県基礎学力調査の質問紙調査で、4年生の「国語の勉強が好きですか。」に「あてはまる」と答えた児童が31.6％、「あてはまらない」が6.5％、算数では、「あてはまる」が50.5％、「あてはまらない」が5.4％、図工では、「あてはまる」が73.4％、「あてはまらない」が2.1％、体育では、「あてはまる」が76.8％、「あてはまらない」が2.1％となっている。

ちなみに道徳では「あてはまる」が41.8％、「あてはまらない」が4.5％である。

図工や体育が高い数値になることと、国語や算数の違いはどこにあるのだろうか。

　図工で作品作りに取り組むとき、多くの子どもたちは、のびのびと「好きなことを、好きなように、好きなだけ」考え、表現する。体育の時間では、生き生きと「元気いっぱい、精いっぱい、力いっぱい」思いと体を使って運動を楽しむ。知識や技能の差を意識させる時間とならない、今もっている考えや思い、力で楽しみながら臨める、勝負できる時間だから好きなのではないか。

　それでは、国語や算数、そして、道徳にそのような時間、「好きなことを、好きなように、好きなだけ」考え、発言できる場があるのか。なかなか取り込めない現実がある。

　ところが、道徳の時間は本来このようにできる。愛情をたっぷり注ぎ、心安らかな、安心できる時間と空間作りができるはずである。そのキーワードは「受容」、受け容れる時間にある。六つの視点、しっかり「認める」、優しく「見つめる」、にっこり「微笑む」、たっぷり「ほめる」、いつも「メリハリがある」、だれにでも感謝「ありがとう」を存分に発揮できる時間である。なぜなら、一人ひとりの考えが他の考えと常に交わることを意識し、どちらも認められる、30人30通りの考えが許される時間なのだから。

　このことを先生には道徳授業を通してぜひ実感してほしい。子どもの「わかった」「できた」「楽しかった」という満足が見えてくる。教師が「子どものことがよくわかった」「思った授業ができた」「子どもといると楽しい学級」と感じることができるだろう。

註
（1）文部科学省『小学校学習指導要領解説』道徳編、2008
　p. 72　3年間指導計画作成上の創意工夫と留意点（6）複数時間の関連を図った指導を取り入れる

　道徳の時間は、一般的に一つの主題を1単位時間で取り扱うが、内容によっては複数の時間の関連を図った指導の工夫などを計画的に位置付けて行うことも考えられる。例えば、一つの主題を2単位時間にわたって指導し、道徳的価値の自覚を一層深める方法、重点的指導を行う内容を複数の資料による指導と関連させて進める方法、中心的な資料を軸にして複数単位時間を計画して進める方法など、様々な方法が考えられる。特に、主題や資料の内容等が深まり、複雑になる高学

年の段階からは、主題や資料等の性格に基づき、工夫を図ることが大切である。
　p. 86　第3節　学習指導の多様な展開　2多様な学習指導の構想　（4）複数時間の関連を図った指導

　重点的な主題の学習を進める場合や、主題や資料の性格等を考慮した結果によっては、一つの主題について複数時間扱いの指導とすることが考えられる。その場合、複数の資料を連結させて用いていく進め方、中心的な資料をもとに複数時間かけて深めていく進め方など、資料の位置付けの仕方によって多様な学習指導過程が考えられる。また、年間にわたって複数時間取り上げる内容項目については、相互の関連を工夫することによって各時間の学習指導を多様に組むことができる。

(2) 伊藤啓一編著『小学校統合的プログラムの実践「生きる力」をつける道徳授業』明治図書、1996
(3) ラス、ハーミン、サイモン、遠藤昭彦監訳『道徳教育の革新』ぎょうせい、1991
(4) コールバーグ、岩佐信道訳『道徳性の発達と道徳教育』広池学園出版部、1987
(5) 『小学校統合的プログラムの実践「生きる力」をつける道徳授業』pp. 7-10
(6) 『小学校統合的プログラムの実践「生きる力」をつける道徳授業』pp. 11-12
(7) 道徳教育方法学会
(8) 田村博久「思いやり意識の分析的研究」金沢大学教育学研究科修士論文 1998
(9) 渡邊卓　中国古典新書『孟子』明徳出版社　1971
(10) 『小学校統合的プログラムの実践「生きる力をつける道徳授業』pp. 83-103
(11) 文部科学省『小学校学習指導要領解説　道徳編』p. 30

　道徳的実践力とは、人間としてよりよく生きていく力であり、一人一人の児童が道徳的価値の自覚及び自己の生き方についての考えを深め、将来出会うであろう様々な場面、状況においても、道徳的価値を実現するための適切な行為を主体的に選択し、実践することができるような内面的資質を意味している。それは、主として、道徳的心情、道徳的判断力、道徳的実践意欲と態度を包括するものである。

(12) 伊藤啓一『道徳と教育』pp. 1-10、No. 329、日本道徳教育学会、2011

第8章 系統性を考えた生命尊重の道徳授業

税田雄二

生命の尊さに気づかせるために、1年の月日をかけて実践と修正を繰り返しながら作った系統表の過程と、その実践事例の提案。道徳的価値の理解のポイントと、道徳的実践力の育成。

1．生命の大切さ

　生命ってどんなものだろうか？　普段、当たり前に生きていると、考えてみたこともない。百人に聞いたら百人とも、大切なものと答えるだろう。じゃあ、なぜ、命は大切なんだろうか？　そこで、生命がなぜ大切なのか、その理由を三つの観点から整理してみた。一つのとらえ方として提案したい。

　一つめの理由は、「生命は一人に一つしかない」（唯一性）からである。人は死ぬと大切な生命をなくす。そして、一度なくすと元にもどることは絶対にない。子どもたちが大好きなゲームのキャラクターのように、生命はリセットすることができない。だから生命は大切である。

　二つめの理由は、「生命はわたしたちの夢や希望を叶えてくれる」（実現性）からである。一日一日を大切にして精一杯生きて努力することで、わたしたちは夢や希望の実現に向かう。だから生命は大切である。

　三つめの理由は、「生命は受け継がれて守られている」（関係性）からである。わたしたちの生命は、先祖代々、ずうっと受け継がれてきた生命である。例えば、祖父母から父母がうまれ、父母からわたしたちがうまれ……といったことである。そして、今では、わたしたちの生命は、家族や親戚の人、近所の人や地域の人、友達や先生など、たくさんの方たちに守られている。だから生命は大切である。

2．生命を大切にする三つの観点

　この論は、福岡県大野城市立大野小学校において、平成17年から18年にかけて、取り組んだ内容である。各学年による実践の成果をまとめ、次のような生命の指導に関する系統表を作成した。

　この系統表作成にあたっては、指導内容の分析を学習指導要領解説書や様々な文献を基に行った。また、全出版社の副読本から、生命尊重に関する資料をピックアップし、その内容と照らし合わせながら、キーワードを設定し、系統的に整理した。整理の際には、唯一性、実現性、関係性といった三つの観点を設定し、学年の指導内容の違いを明らかにしながら、キーワードを位置付けていった。この系統表は、想定したキーワードを目安にして実践を重ねる度に、観点やキーワードの見直しを行った。例えば、三つの観点を、はじめ「唯一性」「価値性」「連続性」と想定していたが、生命が様々な人との関わり、自己実現のもとになることから、「唯一性」「実現性」「関係性」と修正を行った。本論では、このような実践と修正を重ねて完成した系統表に基づいた実践事例を、提案させていただこうと考えている。

3．系統表をもとにした実践のよさ

（1）ねらいの焦点化

　道徳の時間のねらい達成のためには、指導のねらいを各学年の子どもたちにぴったり合った焦点化したものにしていく必要がある。目標がしっかり定まると、事前学習から道徳の時間にかけての指導にぶれが生じなくなる。道徳の時間にとらえさせる内容に合わせて子どもたちのよさや可能性を見取り、その内容を道徳の時間に生かして指導を充実させればよい。例えば、事例1の第2学年主題名「生きているからこんなこといっぱい」の指導は、第2学年における生命の実現性をとらえさせる指導である。資料を活用し、「好きなことができたり元気でいられるのは、生きているからなんだ。」ということをとらえさせる。この資料には、「命」という言葉は登場しない。2年生の発達段階に合わせて、子どもたちと「命」をつなぐ内容である。焦点化しているからこそ、このような指導ができるのである。

系統図

第1学年

みんなにある生命
身の回りの生き物には、人間と同じような生命があり、大切なんだ。

生きている喜び
自分、友だち、虫、動物、植物……みんな生きていてうれしい。

生まれてきた生命
お父さんお母さんから生まれてきた自分……これから大きくなるぞ。

第2学年

みんなにある大切な生命
みんなにある生命は一つ一つ大切なものなんだ。

自分は生きている
好きなことができたり元気でいられたりするのは生きているからなんだ。

つながっている生命
自分の生命は、まわりの人に支えられ、つながっているんだ。

第3学年

一つしかない生命
みんなにある生命は、一つしかない大切な大切なものなんだ。

生きることはすばらしい
好きなことができたり元気でいられる……生きることはすばらしいことなんだ。

支えられている生命
自分の生命は、多くの人に支えられているんだ。

第4学年

代わりのない生命
みんなにある一つしかない生命は何ものにも代えられない大切なものなんだ。

一生懸命に生きる
尊い生命が自分にもあるんだ……一生懸命生きてみよう。

支え合う生命
大切な生命をもっているわたしたち……互いに支え合って生きている。

第5学年

何よりも大切な生命
みんなにある一つしかない生命は何ものにも代えられない、そして何よりも大切なものなんだ。

自分で生かしていく生命
かけがえのない生命は、自分自身で生かしていくものだ。

生かされている生命
かけがえのない生命は、まわりに生かされているんだ。

第6学年

限りある生命
みんなにある一つしかない生命は何ものにも代えられないそして何よりも大切なものなんだけれど、いつかはなくなるんだ。

輝かせる生命
かけがえのない生命を生かし、何事も精一杯頑張って生命を輝かせよう。

受け継がれる生命
受け継がれ大切にされてきたかけがえのない生命……これからも受け継がれていくんだ。

唯一性　　**実現性** 　　**関係性**

（２）系統性のある継続的な指導の実現

「道徳教育はスローフード」と言われる。繰り返し繰り返し学年の発達段階や実態に応じながら、子どもたちの道徳的実践力を伸ばしていくことが大切である。１年生の指導の積み上げがあって、２年生の指導が生かされ、２年生の指導があって３年生の指導も生かされてくる。こうして、各学年の子どもたちに合った生命に関する見方や考え方が育つのではないだろうか？　このような地道な指導を推進し、可能にするのがこの系統表だと思う。

　指導内容を分析し、焦点化され、構造化やキーワード化すると、読み物資料を読んで比較検討するときも、資料の特質がはっきりする。基本的には、道徳の時間の年間指導計画に位置付いている資料を選ぶが、指導時期や児童の実態を考慮して資料選びを大切にする。

（３）年間指導計画に基づいた資料選定

　道徳の年間指導計画には、年間35時間分（第１学年は34時間分）の指導計画が掲載されている。指導月と指導週を確かめ、活用する資料を確かめる。その資料を基に、他社の読み物資料も参考にしながら、目標や内容分析の結果（構造化やキーワード化したもの）にぴったり合う資料を選ぶ。

（４）指導時期や内容の発展性の考慮

　今、全国のほとんどの学校で、下の表のような道徳教育の年間指導計画があるのではないだろうか？　資料の年間指導計画は、平成18年のものであるが、道徳の時間と他の教育活動との関連型重点的指導の内容を示したものもある。各学期ごとに、生命に関する重点的指導が位置付いている。

　このような計画などを基にしながら、指導の際に他の教育活動との関連が有効な場合は、指導時期を合わせ、関連を考慮した上で資料を選定することが大切である。

　また、毎学期ごとに一つの関連的指導を設定する際には、「発展性」を考慮して、学期を追うごとに内容がより充実し発展するような体験活動の設定と資料選定がより効果的になってくる。

大野城市立大野小学校　第6学年　道徳関連単元一覧表

教科・領域	4月	5月	6月	7月	8月	9月
関連単元学習		関連単元「生命の輝き」高学年3-(2)				
道徳	○身の回りの整理整頓 1-① ○礼儀は心の表れ 2-① ◎深い思いやり 2-②	◎明るく生きる 1-④ ○役割と責任の自覚 4-① ○すぐれた文化財 4-⑦	○人間の力を超えたもの 3-③ ◎精一杯生きる 3-② ○過ちを正す 2-④ ○新しいものを生み出す 1-⑤	○公平な態度 4-③ 公徳を守る心 4-②		◎親切の温かさ 2-② ○尊敬感謝の心 2-⑤ ●世界の平和のために 4-⑧
各教科		（国語）ことわざや昔の言い方に関心をもとう （社会）源頼朝と鎌倉幕府	（国語）日本の文学に関心をもとう （理科）植物の葉と日光	（理科）動物に食べられる植物		（国語）ニュース番組を作ろう
総合的な学習の時間「のびのび」		日本の文化を探ろう				
学級活動	最上級生として	学習計画の立て方 身体の成長と栄養	健康な歯 時間の使い方	夏休みの生活		自然教室への参加 仲間づくり
児童会活動	委員会活動 クラブ活動	せんだんの集い				
学校行事	解任式・赴任式 始業式 入学式 歓迎遠足	避難訓練 運動会練習	運動会 プール清掃 プール開き 観劇会	プール納会 終業式		始業式 愛校作業 敬老招待給食
PTA行事	参観	参観		参観 日帰りキャンプ		参観
地域行事	大野中入学式 いこいの森ロードレース		スポーツフェスタ	少年相撲大会	御笠川クリーンフェスタ	まどかリンピック 大文字まつり

第8章 系統性を考えた生命尊重の道徳授業

10月	11月	12月	1月	2月	3月
関連単元「かけがえのない生命を感じよう」高学年3-(2)			関連単元「限りある生命を輝かせて」高学年3-(2)		
○地球を救う 3-① ◎受け継がれる生命 3-② ○集団の中での役割 4-① ○規律ある生活 1-③	●男女の友情と協力 2-③ ○郷土を愛する 4-⑦ ◎権利と義務 4-② ○将来への希望 1-②	○家族の一員として 4-⑤ ○目標に向かって 1-② ○友だちを信頼する 2-③	●生きることのすばらしさ 3-② ●みんなに奉仕する心 4-④ ●心は世界を結ぶ 4-⑧	●郷土を愛する 4-⑦ ●平和と国際親善のために 4-⑧ ○気高い心 3-③ ●よりよい校風 4-⑧	○環境と資源を大切に 3-① ○自分らしさを生かす 1-⑥
(社会) 長く続いた戦争と人々のくらし	(社会) 新しい日本、平和な世界へ	(理科) からだのつくりとはたらき		(社会) 世界の平和と日本の役割 (理科) 生き物のくらしと自然環境	
長崎の文化を探ろう	世界の文化を探ろう	生命を輝かせよう	世界の文化を伝えよう		
目の健康 心の発達と異性の友達	情報収集の仕方	冬休みの生活	給食の意義	生命の創造 卒業に向けて	もうすぐ中学生
みんななかよし集会	ドッジボール大会			長縄集会	お別れ集会
避難訓練 修学旅行 鍛錬遠足 自然教室	研究発表会	ペース走大会 終業式	始業式 給食感謝週間	学芸会	愛校作業 大掃除 修了式 卒業証書授与式
ふれあい広場 心の教育公開授業	参観		参観	感謝状渡し	
まどかスポレク	生涯学習フェスティバル 総合福祉まつり		親子読書のつどい		大野中卒業式

4．系統表に基づいた実践の留意点

　系統表や年間指導計画に基づいて実践をするときに、留意することがいくつかある。

（1）感動体験を積み上げること
　日常的に「唯一性」「実現性」「関係性」に関わる体験活動を行い、感動体験を積むことが大切である。そして、感動したことを言葉で表す活動を取り入れることが大切である。感動したことを自分の言葉で表現できるように積み上げておくことで、道徳の時間には、生命がかけがえのないことや生命があることで夢が実現できること、生命は多くの人々に守られていることなどを語り合うことができると考える。

（2）自分のこととして考えること
　日常的な体験をもとに、道徳の時間においては自分のこととして考えさせることが大切である。具体的には、自分の考えの根拠として自分の体験を語らせたり、把握した道徳的価値に基づいて自己をふり返らせたりすることである。資料を通して学習したことは、自分とつながったときに実感を伴うのである。

（3）力のある資料を使うこと
　生命に関する指導は、道徳の時間の資料が重要である。次のような条件にそった資料を準備したいものである。
ア　「唯一性・実現性・関係性」の三つのいずれかの観点に合っている。
イ　子どもの発達段階に即している。
ウ　子どもの実態に即している。
　この三つの条件が揃うには、ときには指導計画をもとに、他社の副読本、資料、詩、ドキュメンタリー、子どもの作文、保護者の手紙など、子どもの心に響く中心資料、補助資料が必要になる。

（4）「生命」に関する環境を整えること
　日常的になかなか意識しない「生命」だからこそ、教室のどこかに「生命」に関するコーナーを作りたい。新聞記事や動植物の写真など、教師と子どもでアンテナを張り、常に「生命」を感じさせたいものである。

5．実践事例

【実践事例1　第2学年　実現性】

1　主題名
生きているから　こんなこと　いっぱい

2　中心資料名
「ぼく」（『どうとく2』東京書籍）

◆資料の概要

主人公の「ぼく」には、好きな人や、ものや、ことがある。「ぼく」が一番好きなものは自分自身であることに気付き、元気に生きている自分がいるからこそ、何でもできることに気付く内容である。

3　ねらい
好きなものや好きなことがあるのは、自分が生きているからであることに気付き、生きることを喜び、自分の生命を大切にしようとする心情を育てる。

4　主題設定の理由
本学級の子どもたちは、生活科の学習で、好きな野菜を育てたり、飼育小屋の小動物に触れたりする経験をしている。また、カブトムシの幼虫を教室で飼う上で、育て方について話し合い、世話をするといった姿が見られるなど、生き物の生命への関心は高い。しかし、それは、生命がなくなると困るという観点からの思いが強く、生きていることのすばらしさは意識していない。また、自分自身の生命を意識し、自分もそれらと同じように生命をもった大切な存在であることに気付いている子どもは少ない。これは、自分の生命が身近すぎ、自分が生きていることが当たり前であると考えているからであると思われる。そこで、自分自身が生きていることが全ての中心にあることに気付き、生きることを喜び、自分の生命を大切にしようとする心情を育てる学習が大切であると考え、本主題を設定した。

5　本主題で育てる生命尊重の心
本単元で指導する生命とは、活動していく上での原動力である。自分が生きているからこそ様々な人に出会い、様々な体験をすることができる。そして、そこに生き甲斐を見出してはつらつと毎日を過ごすことができるのである。そこで、自分の好きなことや好きなものを想起し、関わるときのうれしさや楽しさを実感

することで、自分が生きていることに気付き、これから自分の生命を自分で生かしていく見方・考え方・感じ方をとらえる道徳学習が大切であると考えた。この学習は、系統表の第2学年「実現性」にあてはまる内容で「自分は生きている」（すきなことができたり元気でいられるのは生きているからなんだ）ということに気付かせたい。

6　本主題の指導

学習活動	教師の支援と評価（◆）
1　学級活動「好きなものクイズ」をして、感じたことや考えたことを話し合う。	1　「好きなものクイズ」でみんな好きなものがたくさんあったことを想起させ、好きなものがあったり、好きなことができるのはなぜなのか考えさせる。 ◆好きなことがいっぱいできるひみつを見つけようとする。《道徳的心情》
2　資料「ぼく」をもとに、生命尊重の価値を追究する。 ◎好きなものがたくさんある「ぼく」の気持ちを話し合う。 ◎「ぼく」のことがいちばん好きな「ぼく」の気持ちを話し合う。 3　日常生活で、自分が生きていると思うのはどんなときか話し合う。 4　楽しく活動する子どもの写真を見る。	2　「ぼく」が好きなものを好きと思う気持ちを自分の思いと重ねて話し合わせる。 ◆自分の存在があるからこそ、好きなもの・こと・ひとがあることが分かる。《道徳的判断力》 3　子どもが好きなことをしている様子などを把握しておき、助言する。《実践意欲と態度》 4　楽しく活動する子どもの写真資料を見せ、生きる喜びを実感させる。

7　指導の実際

「すきなことがいっぱいできるひみつを見つけよう」

＜深める段階＞（T：教師　C：児童）

T「ぼく」はいろいろな人が好きみたいだね。ぼくは、家族のどんなところが好きですか？
C　家族といると楽しい。
C　お父さんが、仕事を頑張っているところが好き。
C　家族といると、どこに行かなくても一緒にいられるだけで、うれしくなる。
T　けんちゃん、ひろし君といるとき、どんな気持ちですか？
C　うれしい。
C　一緒に遊ぶと楽しい。
C　けんかもするけど、すぐ、仲直りできる。
T　食べ物ではクロワッサンが好きなんだね。クロワッサンのどこが好きですか？

C 味がおいしい。
C サクッとしている。
C 茶色の焦げ目がおいしい。
T ひみつの好きなことはあるかな？
C お風呂からあがって、はだかんぼうでかけまわること。
C 気持ちいいなあ。
C ちょっとはずかしいけれど、気持ちいい。
T ぼくは、こんな海や夕焼けのどんなところが好きですか？
C きれいだなあ。
C うっとりするなあ。
T ぼくには、好きなものがいっぱいあるね。でも、ぼくが、いちばん、いちばん好きなものは？
C ぼく！
T それは、なぜですか？
C だって、ぼくがいなかったらだれにも会えない。
C ぼくがいなかったら、大事な人にも会えない。
C ぼくがいなかったら、好きなことができない。
C ぼくがいなかったら、好きなものが食べられない。
C ぼくがいなかったら、何もできないから、つまらない。
T じゃあ、ぼくがいたらどうなるの？
C みんなに会える。
C 遊んだりしゃべったりできる。
C 何でもできる。
『元気に生きているぼくがいるから』

【実践事例2　第4学年　関係性・実現性】

1　主題名
　支え合う生命
2　中心資料名
「元気がいちばん」（『ゆたかな心―新しいどうとく』光文書院）

◆資料の概要
　主人公のはるかは、生まれてまもなく喘息になり入院して治療を受けた。はるかが病気と闘う強い力と家族の看病のおかげで、現在も水泳で体を鍛えながら元気に生きているという内容である。

3　ねらい
　自分の生命がいろいろな人に支えられていると同時に相手を支えていることに気付き、一生懸命生きていこうとする心情を育てる。

4　主題設定の理由
　本学級の子どもたちは、日常生活や生命についての学習を通して、自分の生命がかけがえのない大切なものであることを理解している。また、様々な学習を通して、自分の生命は多くの人に支えられていることを感じてきている。しかし、自分の生命が他の生命を支えており、互いに支え合って生きているということには気付いていない。そこで、4年生になり、自他の生命を感じることができるようになってきたこの期に、互いに支え合い一生懸命生きていこうとする心情を育てる学習が大切であると考え、本主題を設定した。

5　本主題で育てる生命尊重の心
　本単元で指導する生命とは、互いに支え合って生きていることを実感し、一生懸命に生きてみようとする生命のことである。自分の生命は支えられているだけでなく、他の生命を支えており、互いに支え合っているということができる。互いに支え合っている生命だからこそ大切にし、一生懸命に生きていこうとすることができる。そこで、子どもたちを大切に思い育てられている保護者の方々と共に支え合い一生懸命に生きてみようとすることについて考えることで、これからよりよく生きていこうとする見方・考え方・感じ方をとらえる道徳学習が大切であると考えた。この学習は、系統表の第4学年「実現性」「関係性」にあてはまる内容で、「一生懸命に生きる」（尊い生命が自分にもあるんだ、一生懸命生きよう）「支え合う生命」（大切な生命をもっているわたしたち……互いに支え合って生きている）に気付かせたい。

6　本主題の学習指導過程

学習活動	教師の支援と評価（◆）
1　総合的な学習の時間で調べた自分の生まれたときのことを思い出し、感じたことや考えたことを話し合う。 2　資料「元気がいちばん」をもとに、生命尊重の価値を追究する。 ◎入院することになったときの母親の気持ちについて話し合う。 ◎看病しているときに、お母さんはどんな気持ちで看病していたでしょう。 ◎はるか誕生会で言った言葉の理由について話し合う。 3　自分の生命が支えられたり支えていると思ったことについて話し合う。 4　保護者の方からの手紙を読む。	1　総合的な学習の時間で調べた生まれたときのことをふり返らせ、価値への方向付けをする。 ◆かけがえのない生命について真剣に考えようとする。《道徳的心情》 2　母親の立場から生命の大切さを考えさせることで、自分の生命がいろいろな人に支えられているという生命尊重の価値を追究させる。 ◆かけがえのない生命を多くの人々に支えられてきたことに感謝して、精一杯生きていく大切さが分かる。《道徳的判断力》 3　自分の生命が支えられている、支えていると思ったことを出し合わせる。《実践意欲と態度》 4　保護者の方からの手紙を読ませ、自分の生き方に進んで生かそうとする意欲を高めさせる。

7　指導の実際

「命を大切にする心を見つめよう」

＜深める段階＞

T「入院が必要です。すぐに準備をしてください。」と言われたとき、おかあさんは、どんなことを考えたでしょう。

C とても驚いて悲しい気持ちです。

C 生まれてまだ4ヶ月なのに、喘息で入院だなんて悲しいな。

C とても悲しくて切ない。

T お母さんはどんな気持ちで看病していたでしょう。

C 1日でも早く元気になってほしい。

（学習ノートに自分の考えを書き、保護者の話を聞き全体で話し合う。）

C ぜん息なら大丈夫だろう。きっと大丈夫と思います。

C 1日でも早く元気な顔が見たいと思っていると思います。

C 苦しそうだけれど、生きる力を信じよう。

C はるかちゃんもがんばっているし、ぜん息とたたかうはるかの強い力を信じようと思っています。

C ぼくも小さいころぜん息で息苦しかったとき、がんばったのだけれど、きっと、はるかちゃんも元気になろうと頑張っていると思います。だから、おかあさんも頑張っていると思います。
T はるかちゃんが、「元気でいようと思います。」と、言ったのはどうしてですか。
C 家族に心配をかけたくないからです。
C お母さん、お父さん、お医者さんががんばってくれたから、元気でいたい。
C お母さんが生んでくれた大事な生命だから、元気がないと心配するから。
C みんなの看病で元気になったので、恩返しをしたいから。
C はるかちゃんが元気なところからお母さんたちは元気をもらっているから。
T お互いのことを思っているね。
C 心が通じ合っています。
T 心が通じ合っていますね。このように、支えられたり、支えたりして生きているんだね。

支え合う命→一生けんめいに生きようとする心
＜見つめる段階＞
T 自分が一生懸命生きていると思うのはどんなときですか。
C コロンビアから日本にきたときは、ヒョロヒョロしていて、病気でなくなるかもしれないとお父さんが泣いていて、お父さんが頑張ってくれたから筋肉もついて元気になりました。
C 小さいころから、わたしはぜん息だったので、水泳をして体を強くしていたんだけれど、その時のコーチや家族のみんなの支えがあって、今思うと、支えられていたんだなあと思いました。

【実践事例3　第5学年　実現性・関係性】

1　主題名
何よりも大切な生命

2　中心資料名
「生きてます、15歳。」（『みんなで考える道徳』日本標準）

◆資料の概要
　超未熟児として産まれてきた主人公「わたし」が、母親の必死の支えと励ましにより育てられ、生命のかけがえのなさや大切さを知る内容である。

3 ねらい

　自分の生命が様々なつながりの中で支えられ生きていることに気付き、そのかけがえのない生命を大切にし、これからも自他を尊重しながら、よりよく生きていこうとする心情を育てる。

4 主題設定の理由

　本学級の子どもたちは、理科や総合的な学習の時間での指導をとおして、自分の生命が母親の体の中で大切に育てられ成長してきたことや、生命が大切なものであるということは感じることができている。また、自分の生命が多くの人々の支えによって大切に守られてきた尊いものであることに気付いている。しかし、その尊い生命を大切にすることが、精一杯生きていくことであるといった見方・考え方・感じ方はできていない。これは、周りの人に支えられながら、生きる喜びをつかんだりたくましく生き抜いたりした経験が少ないからであると考える。そこで、高学年になり、周りにも目を向け、自分の生命が様々なつながりの中で存在していることを感じることができるこの期に、家族の深い愛情に気付き、かけがえのない自分の生命を大切にする心情を育てる学習が大切であると考え、本主題を設定した。

5 本主題で育てる生命尊重の心

　本単元で指導する生命とは、なにものにもかえ難いかけがえのないものであり、その存在自体に価値がある。また、子どもたち一人一人の生命は、母親の体の中で大切に育てられた結果、誕生し、家族を中心としたたくさんの人々の支えによって大切に守られてきた尊いものである。この生命を大切にすることとは、自他の生命を尊重するとともに、生きていることへの感謝の念をもたせることが必要である。その感謝の念は、自分自身を見つめ自分の生命について考えることによって、両親をはじめ多くの人々の愛情や信頼に気付き育っていくものである。そして、その感謝の念から尊い生命を大切にしようと何事にも精一杯頑張り生きていこうとする心情を育てたい。そこで、子どもたちを今まで大切に育ててきた保護者の方々と共に生命の大切さについて考えていくことで、これからよりよく自分らしく生きていく見方・考え方・感じ方をとらえる道徳学習が大切であると考えた。この学習は、系統表の第5学年「実現性」「関係性」にあてはまる内容で、「自分で生かしていく生命」（かけがえのない生命は、自分自身で生かしていくものだ）と「生かされている生命」（かけがえのない生命は、まわりに生かさ

れているんだ）に気付かせたい。

6　本主題の指導

学習活動	教師の支援と評価（◆）
1　総合「私の11年史」づくりで、感じたことや考えたことを話し合う。	1　家の人への取材をもとに、話し合わせる。 ◆かけがえのない生命について真剣に考えようとする。《道徳的心情》
2　資料「生きてます、15歳。」をもとに、生命尊重の価値を追求する。 ◎危険な状態が続く中、必死にわたしを育てている母親の気持ちを話し合う。 ◎15歳になったわたしの気持ちを話し合う。 3　これから、その生命を大切にしていくためには、どうしたらよいかを話し合う。 4　保護者の方からの手紙を読む。	2　グループごとに授業協力者である保護者の方々と共に話合いをさせる。 ◆かけがえのない生命を多くの人々に支えられてきたことに感謝して、精一杯生きていく大切さが分かる。《道徳的判断力》 3　「私の11年史」をつくる時に家の人に取材した内容を想起させる。《実践意欲と態度》 4　保護者の方からの手紙を読ませ、精一杯生きていこうという気持ちを高めさせる。

7　指導の実際

「大切にされてきた自分の生命について見つめ直そう」

＜深める段階＞

T　お母さんは、どんな思いでわたしを育てていったのだろうね。
　※授業協力者との話し合いの後、全体で話し合う。
C　ここ2、3日の命でしょうと言われても、ショックだったけれど、いや、私の子は生きてくれることを信じて一生懸命だったと思う。そう思った理由は僕のお姉ちゃんの病気のことだけれど、家族はお姉ちゃんに発作が起きないように必死だったからです。
C　僕もAさんに付け加えで、お母さんは、早く産んでしまってごめんね、丈夫に生きていけるようにするからね、と考えたと思います。僕も、大けがをしたときに、Aさんのようにお母さんが心配してくれたからそう思いました。
C　僕はBくんに似ていて、早く産んでしまってごめん、元気でいてほしいという気持ちだったと思います。僕も病気のときに、お母さんが夜中に病院に連れて行ってくれたことがあるからです。（話し合いの要点を板書に整理）
T　15歳になったわたしは、今どんな気持ちで生きているのだろうね。
　※授業協力者との話し合いの後、全体で話し合う。
C　お母さん私を産んでくれてありがとう。もう、あやまらないで。お母さんが私のことを思って助けてくれてうれしかった。この命大切にするねと考えたと思

います。私も、お母さんが病気で本当は生まれてこなかったはずなんだけれど、お母さんが私のことをあきらめなかったからここにいます。私もこの命を大切にしたいと思ったからです。
C 僕もDさんに似ていて、ありがとうという気持ちから、お母さんが大切にしてくれた命を大事にしたいと考えたと思います。僕の場合は、Dさんのようにお母さんが病気だったわけじゃなく、流産になりそうだったんだけれど、一生懸命に産んでくれ、自分もそれに応えたいと思ったからです。
T ねえ、E君。命を大切にするってどういうことかな？
C うーん……。（数名が挙手、F児を指名）
C もらった生命を、自分の好きなことを精一杯して楽しんで生きることだと思います。
C 僕もFさんに少し似ていて、お母さんがいてくれたから助かったんだ、ありがとう、生まれてよかったという気持ちからこれからも精一杯生きていくと考えたと思います。（話し合いは続き、要点を板書に整理）
T 今までこんな思いで、大切に大切にされてきた生命はかけがえのないもの。そして、この生命は一人で成長したわけでなく、周りのたくさんの方々に支えられてきたのですね。その思いに感謝しつつ、今、自分がここにいることが決して当たり前ではなく、喜びを感じているのですね。だからこそ、**今を自分で精一杯生きることが大切なんですね。**

＜見つめる段階＞
T これから、その生命を大切にしていくためにはどうしたらよいと思いますか。
C この命をもらったからには親孝行をしたり、自分の好きなことをしたりして、病気になってもあきらめずに、生きる！と信じて生命を大切にしていきたいです。
C 私は、命を大切にしていくためには、例えば、人の役に立って喜びを感じたり、何事も精一杯することが大切だと思います。

6．終わりに

　道徳の時間で道徳的実践力を育てるには、「道徳的価値の自覚」が大切である。そのために、次の三つが大切である。「道徳的価値を理解すること」「自分とのか

かわりで価値をとらえること」「道徳的価値を自分なりに発展させていくことへの思いや課題を培うこと」の三つである。

　道徳的価値を理解することには、次の三つが考えられる。それは、「価値理解」「人間理解」「他者理解」である。「価値理解」とは、人間としてよりよく生きていく上で道徳的価値が大切であることが分かることである。「人間理解」とは、道徳的価値が大切であっても、なかなか実現することができないことが分かることである。「他者理解」とは、道徳的価値に関しては、多様な感じ方・考え方であることが分かることである。また、自分とのかかわりで価値をとらえることは、資料の話を自分の経験やそのときの感じ方、考え方と照らし合わせながら考えることが大切である。さらには、道徳的価値を自分なりに発展させていくことへの思いや課題を培う上では、道徳的価値の視点で自己をふり返ることが大切である。

　このように、道徳的価値の自覚を促すためには、道徳の時間で指導する道徳的価値が焦点化し、自己理解の視点を明確にすることで、子どもたちにとって分かりやすいものとなるのではないだろうか。

　もう1点忘れてはならないのが、道徳的実践力を育てるために、「自己の生き方についての考えを深める」ことがある。新学習指導要領の改訂で、道徳の時間の目標に新たに加えられた部分である。自己の生き方についての考えを深めることは、道徳的価値の自覚を深めることと同じように、自分とのかかわりで道徳的価値を理解することが大切である。このことが、自己の生き方についての考えを深めさせ、豊かなかかわりのなかで自律的な道徳的実践力を培うと考えられる。

　このように、道徳的価値の自覚と自己の生き方についての考えを深めていくためには、指導する道徳的価値の分析が大切である。道徳的価値についての分析を突き詰め、整理していくと、本研究で提案した系統表のような内容が出来上がるのではないだろうか。系統表を基盤にした指導は、「この学年ではこのような内容をこのように計画的・発展的に指導する」と焦点化された指導が実現する。このような指導が、ひいては授業評価にも結びつく。道徳的価値に基づいて多様な考えを受容できているか。焦点化した道徳的価値を確実にとらえることができているか。道徳的価値に基づいて自己の生き方について考えることができているか。このような実践を積み上げることで、確実に子どもたちの道徳的心情、道徳的判断力、実践意欲と態度が培われていくと考える。

【参考文献】
　文部科学省『小学校学習指導要領解説　道徳編』2008
　赤堀博行『道徳教育で大切なこと』東洋館出版社、2010

執筆者一覧

第1章　服部敬一（大阪府大阪市立豊仁小学校校長）

第2章　櫻井宏尚（福島県郡山市立開成小学校教諭）

第3章　広中忠昭（千葉県柏市立豊小学校校長）

第4章　坂本哲彦（山口県宇部市立西宇部小学校校長）

第5章　齋藤眞弓（筑波大学大学院教育研究科）

第6章　早川裕隆（上越教育大学教授）

第7章　田村博久（石川県白山市立松南小学校教頭）

第8章　税田雄二（福岡県那珂川町立安徳北小学校指導教諭）

あなたが道徳授業を変える
―ベテラン小学校教師からの8つの提言―

2013年7月19日　初版発行

監　修　　心の教育研究会
編著者　　櫻井宏尚　服部敬一　他
発行者　　青木誠一郎

発行所　　株式会社 学芸みらい社
　　　　　〒162-0833 東京都新宿区箪笥町43番 新神楽坂ビル
　　　　　電話番号 03-5227-1266
　　　　　http://www.gakugeimirai.com/
　　　　　E-mail：info@gakugeimirai.com

印刷所・製本所　　藤原印刷株式会社
ブックデザイン　　荒木香樹

©kokoro no kyouiku kenkyukai 2013　Printed in Japan
ISBN978-4-905374-23-7 C3037

落丁・乱丁本は弊社宛お送りください。
送料弊社負担でお取り替えいたします。

学芸みらい社の既刊

日本全国の書店や、アマゾン他のネット書店で注文・購入できます!

中学校を「荒れ」から立て直す!

長谷川博之 著　　A5判　208ページ　定価: 2100円（税込）

全国から講演依頼が殺到!!

いま全国の中学校が「荒れ」ている。授業をどうすればいいのか? 授業以外ではどうすればいいのか? 多くの学校・学級の立て直しの実績から、「処方箋」「対応法」「気持ちの持ち方」等を書き記した! 学校・学級の「荒れ」に対して、正面から取り組み、全国の多くの悩める先生方を勇気づけ解決に導く、日本中の教師必読の熱い書。

フレッシュ先生のための「はじめて事典」

向山洋一　監修
木村重夫　編集　　A5判　160ページ　定価: 2100円（税込）

ベテラン先生にとっても最高の事典!!

学生や教職5年目の若い先生は、不安で一杯! 学校ではこんな時に立ち往生してしまう。また、ベテラン先生も「今さら聞くに聞けない」ことがたくさん。そんな大切な事柄を厳選。計73項目を全て2頁見開きで簡潔にまとめた。いつでも手元に置き、今日の今日から、今の今から、役に立つ充実の書!!

みるみる子どもが変化する『プロ教師が使いこなす指導技術』

谷 和樹 著　　A5判　176ページ　定価:2100円（税込）

いま最も求められる即戦力の教師力!!

指導技術のエッセンスを初心者にも解りやすく解説!!
一番苦手だと思える分野の依頼を喜んで引き受け、ライブで学び、校内の仕事に全力を尽くす! TOSS（教育技術法則化運動）のリーダーの新刊! 発達障がいの理解と対応、国語・算数・社会科の授業、教師の授業力を挙げるためのポイントを詳しく紹介。

☀ 学芸みらい社の既刊

日本全国の書店や、アマゾン他のネット書店で注文・購入できます！

子どもを社会科好きにする授業

向山洋一 監修
谷 和樹 著　　　A5判　176ページ　定価:2100円(税込)

社会科授業実践のコツとテクニック!!

日本の国を愛し、誇りに思う子どもたちを育てるために、いま、日本では熱い「社会科教育」が最も求められている！　TOSS(教育技術法則化運動)のリーダーの新刊！　「文部科学省新指導要領」「東日本大震災をどう教えるか」「ADHD等発達障害の子を含めた一斉指導」「最先端のICTを使う授業」対応。

子どもが理科に夢中になる授業

向山洋一 監修
小森栄治 著　　　A5判　176ページ　定価:2100円(税込)

理科は感動だ！目からウロコの指導法!!

今すぐ役に立つ、理科授業の最先端・小森先生の実践とコツを大公開!!　「文部科学省新指導要領」完全対応!／「化学」「物理」「地学」「生物」「総合」「授業づくり」に分類!／見開き対応で読みやすく授業中にすぐ使える!／「ワンポイントアドバイス」「エピソード」で楽しさ倍増!

先生も生徒も驚く
日本の「伝統・文化」再発見

松藤 司 著　　　A5判　176ページ　定価:2100円(税込)

日本の「伝統・文化」はこんなに面白い!!

日本の文化を教えてください!……と外国人に問われたら？
日本の文化を知らない大人が増えている！　日本の素晴らしい伝統・文化を多くの人々、とりわけ日本の未来を担う子どもたちや学生に伝えていくために、日本のすべての教員や大人にとって必読・活用の書。未来を担う子どもたちや学生に伝えよう!

学芸みらい社の既刊

日本全国の書店や、アマゾン他のネット書店で注文・購入できます!

アニャンゴの新夢をつかむ法則

向山恵理子 著　　新書判　224ページ　定価:950円(税込)

新しく夢をつかみとってゆく。

私の青春は、焦りと不安と挫折だらけであった。音楽修業を決意し出発はしたものの9・11テロでアメリカに入国さえできずに帰国。ケニアでは、ニャティティの名人には弟子入りを即座に断られ……しかし、いつもあきらめずに夢を追い続けることが、今の私を作ってきた。そして私の夢はどこまでも続く!!

もっと、遠くへ

向山恵理子 著　　四六判　192ページ　定価:1470円(税込)

ひとつの旅の終わりは、次の夢の始まり。

夢に向かってあきらめずに進めば、道は必ず開ける!　世界が尊敬する日本人100人(ニューズウィーク)にも選ばれた"アニャンゴ"の挑戦記!　世界初の女性ニャティティ奏者となって日本に帰ってきたアニャンゴこと向山恵理子。……世界での音楽修業のあれこれ……しかし、次々やってくる、思わぬ出来事!!　試練の数々!!

先生と子どもたちの学校俳句歳時記

星野高士、仁平勝、石田郷子 著
上廣倫理財団 企画　　四六判　304ページ　定価:2625円(税込)

人間の本能に直結した画期的な学習法!!

元文部大臣・現国際俳句交流協会会長　有馬朗人推薦「学校で俳句を教える教員と創作する児童生徒にぴったりの歳時記だ」「日本初!学校で生まれた秀句による子どもたちの学校俳句歳時記」小・中・高・教師の俳句を年齢順に並べてあり、指導の目安にできます。分かりやすい季語解説・俳句の作りかた・鑑賞の方法・句会の開き方など収録、今日から授業で使えます。

学芸みらい社の既刊
日本全国の書店や、アマゾン他のネット書店で注文・購入できます！

父親はどこへ消えたか
映画で語る現代心理分析
樺沢紫苑(精神科医)著　四六判　298ページ　定価:1575円(税込)

現代の父親像、リーダーシップを深く問う渾身の一冊！

ワンピース、エヴァンゲリヲン、スターウォーズ。スパイダーマン、ガンダム……映画に登場する父親像を分析、現代の「薄い父親像」のあり様と、今後の「父親像」に関してのあるべき処方箋を出す！全国各地で話題の書。

国際バカロレア入門
融合による教育イノベーション
大迫弘和（IB教育の国内トップランナー）　著

この一冊で国際バカロレアがわかる！

国際化が進行する21世紀！ 文部科学省の「グローバル人材育成推進会議」でも進めている「国際社会で活躍できる人材を育成し、各国で認められる大学入学資格が与えられる」という教育のシステム。それが「国際バカロレア」（IB）のシステムだ。この1冊でそのすべてが解る！

バンドマン修業で学んだプロ教師への道
吉川廣二　著　　A5判　168ページ　定価: 2000円（税込)

抱腹絶倒のプロ教師人生ありのまま！

私は青春時代にバンドマンや他の職業を経験し、その経験と失敗全てが教師生活に生きた！ 教師人生はいかに楽しくて厳しくて素晴らしいか！ 教師像はどうあるべきか？ 先生も生徒も親も楽しく読んで役に立つ、熱血教師の波乱万丈・抱腹絶倒のプロ教師人生ありのまま！

学芸みらい社の既刊

日本全国の書店や、アマゾン他のネット書店で注文・購入できます！

世界に通用する伝統文化 体育指導技術

根本正雄 著　　A5判　192ページ　定価:1995円(税込)

楽しい授業づくりの原理とは!?

目を輝かせ、生き生きと活動する子どもを育てたいと願った。教育の目的は人づくりである。生きていることに、自信と喜びを持つ子どもを育てたかった。 よさこいソーランを世界に伝える／逆上がりは誰でもできる／楽しい体育の授業づくり／子どもが輝く学級づくり／地域との連携を図る学校づくり／私を鍛えてくれた子どもたち

全員達成! 魔法の立ち幅跳び
「探偵!ナイトスクープ」のドラマ再現

根本正雄 著　　A5判　176ページ　定価:2100円(税込)

人生は立ち幅跳び！

5cmしか跳べなかった女性が143cmも跳んだ。その指導過程を全国の学校で実践した大成果!! 番組では紹介されなかった指導過程を公開。人間の持っている可能性を、自らの力で引出し、生きていくことの喜びを体現してほしい。「探偵!ナイトスクープ」の体験から、授業プランを作成、全国の学校で追試・実践した!!

向こうの山を仰ぎ見て
自主公開授業発表会への道

阪部保 著　　A5判　176—ジ　定価:1785円(税込)

授業を中心とした校長の学校づくりとは!

こんな夢は、校長だから見ることが出来る。勝負はこれから。立ち上がれ！ 舞台は整った！ 本物の教育者とは? 本物の授業をみせること！ 本物の授業者を目指す志士たちへ――。これは、高い峰に設定した自主公開授業発表会に漕ぎつけた楽しいタタカイの記録である。